대한민국 운전자라면
알아야 할 업계의 속임수

자동차와
거짓말

자동차와 거짓말

1판 1쇄 펴냄 2013년 7월 30일
1판 2쇄 펴냄 2013년 8월 20일

지은이 오종훈 | **펴낸이** 김경태 | **마케팅** 박정우 | **편집** 홍경화
표지 디자인 Studio Marzan 김성미
본문 디자인 한승일
저자 사진 박창완

펴낸곳 퍼블리싱 컴퍼니 클
출판등록 2012년 1월 5일 제311-2012-02호
주소 122-842 서울시 은평구 대조동 193-7
전화 070-4175-4680 | 팩스 02-354-4680 | 이메일 editor@bookkl.com

ISBN 978-89-968849-5-8 03330

대한민국 운전자라면
알아야 할 업계의 속임수

자동차와
거짓말

오종훈 지음

달콤한 거짓말, 불편한 진실

자동차自動車라는 말을 풀어보면 '스스로 움직이는 탈것' 정도가
되겠다. 영어로 automobile, 역시 그렇다. 하지만 과연 그런가. 자
동차는 운전자, 즉 사람이 없으면 움직일 수 없다. 스스로 움직인
다는 것은 거짓이다.

그 쓰임새를 따져봐도 그렇다. 목적지까지 '움직이기 위해' 만들
어진 자동차는 주차장에 세워져 있는 시간이 훨씬 더 많다. 하루
에 한두 시간 이동하려고 스무 시간 넘게, 주말에 잠깐 타기 위해
일주일 내내 서 있기도 한다. 자동차의 존재 이유인 움직임의 시
간은 정작 얼마 안 된다.

속도 문제도 그렇다. 자동차의 성능은 진화를 거듭해 요즘 나오
는 차들은 대부분 시속 200km를 가뿐히 돌파한다. 하지만 대한민
국의 법이 정하는 제한속도는 시속 110km가 최고다. 시속 200km
를 달릴 수 있는 차를 타고 시속 100km로 얌전히 달려야 하는 게
현실이다. 현실은 고성능을 필요로 하지도 허락하지도 않지만,
하루가 다르게 발전하는 기술은 법이 정한 속도를 두세 배 뛰어
넘는 차들을 쏟아낸다.

이처럼 자동차는 존재부터가 거짓이고 모순이다. 차를 사고팔고,

보험을 들고, 고치는 모든 과정에 거짓은 늘 함께 있다. 많은 정보가 쏟아지지만 정작 소비자들은 필요한 정보를 얻기가 쉽지 않다. 소비자들의 눈과 귀를 가리는 정보가 대부분이기 때문이다.

거짓말은 달콤하다. 돈 없어도 살 수 있다고 하고, 싸게 판다고 하고, 우리 상품이 최고라고 연일 떠들어댄다. 거짓과 꼼수로 사탕발림한 말들이다. 그중엔 완전한 거짓말도 있고, 거짓은 아니지만 그렇다고 참도 아닌 말도 있다. 정의롭지 않은 말도 있고, 해석에 따라 참과 거짓을 오가는 말도 있다. 참된 말이 전혀 없지는 않지만 찾기 힘들고, 구별하기도 어렵다.

거짓에 속지 않으려면 부지런히 발품을 팔아야 하고, 많은 정보를 재해석해야 한다. 그들이 얘기해주지 않는 또 다른 면을 생각해야 하고 때로는 더 비싼 비용을 지불해야 하기도 한다. 불편한 과정을 지나야 제대로 된 정보를 만날 수 있다는 말이다. 달콤한 거짓을 거부하고 불편한 과정을 거쳐 올바른 정보를 갖게 된 소비자가 결국에는 웃는다. 이 책을 쓴 것은 더 많은 이들에게 그런 웃음을 주기 위해서다.

자동차와 이를 둘러싼 환경을 취재하며 20년 넘는 세월을 보냈다. 그동안 온전히 소비자의 입장에서만 글을 썼다고는 자신할 수 없다. 그러나 이 책만큼은 오로지 소비자만을 생각하면서 썼다. 자기 지갑에서 돈을 꺼내 소비를 하는 이들이 잘못된 정보에 속지 않고 올바른 판단을 내릴 수 있으면 좋겠다는 마음이었다. 내 돈 내고 차를 사고, 보험에 들고, 차를 고치는 수많은 소비자들에게 이 책을 바친다.

우려하는 이들도 적지 않았다. 그렇게 까발려 미운털이라도 박히면 어쩌냐는 것이다. 스스로도 그런 걱정이 들어 그 핑계로 한동안 게으름을 피우며 미루기도 했다. 하지만 누군가 해야 할 일이라면 내가 해야 할 일이라 판단했다.

소비자가 현명해야 자동차 산업도 바람직한 방향으로 발전을 하게 된다는 믿음도 있었다. 거짓과 속임수가 아닌, 제대로 된 상품과 가격, 정직한 소통으로 소비자의 선택을 받을 수 있어야 산업도 건강해진다는 믿음이다. 신차뿐 아니다. 중고차, 보험, 정비 등 자동차 산업 전반이 마찬가지다.

따뜻한 차 한잔을 사이에 두고 출판사와 만나 책을 쓰기로 의기투합한 것은 지난 추운 겨울이었다. 한여름이 되어서야 비로소 책이 모습을 드러냈다. 채근하지 않고 기다리면서, 꼼꼼한 편집으로 글의 가치를 더 빛나게 해준 클 출판사에 고마움을 전한다. 집필 과정에서 많은 분들의 조언을 받았다. 행여 그분들에게 누가 될까 이름을 밝히지는 않는다. 기꺼이 부탁에 응해준 그분들께 깊은 감사를 드린다.

언제나 아낌없는 응원으로 나에게 힘을 불어넣어주는 사랑하는 아내 강미경과, 병중에 계신 어머님께 이 책을 바친다.

2013년 7월 서초동 차고車考에서

오종훈

차례

3장 · 자동차보험에 관한 거짓말

4장 · 자동차 정비에 관한 거짓말

7장 · 자동차 상식에 관한 거짓말

◆ 견인할 때 명심할 수칙

◆ 자동차 관리, 이렇게 해라

◆ 계절별 자동차 관리

1장

영업사원이 하는

거짓말

이왕이면 새 차가 좋지요

"이왕이면 새 차가 좋지요. 다른 사람이 타던 차를 어떻게 믿고 탈 수 있겠어요." "일단 중고차 값에 인수하시고, 모자라는 돈은 나눠서 내면 되니까 돈 문제도 걱정하지 마세요."

신차 영업사원이 중고차를 사는 것보다 새 차를 사는 게 좋은 수십 가지 이유를 대면 그 달콤한 유혹을 거부하기 힘들다. 공장에서 막 나온 번쩍거리는 새 차가 주는 만족감도 주차장에서 먼지 뒤집어쓴 채 서 있는 중고차와 비교할 수가 없다. 새 차를 살 능력이 있다면 새 차를 사고 그 기분, 그 만족감을 충분히 누려도 된다. 하지만 새 차를 살 능력이 없는 사람들이 새 차에 목매고 있는 건 생각해봐야 할 문제다.

그렇다면 새 차를 살 능력을 어떻게 구분하느냐. 간단하다. 현금으로 찻값을 지불할 수 있으면 새 차 사도 된다. 그게 어려우면 중고차가 답이다. 물론 중고차도 현금 지급을 원칙으로 삼아야 한다. 그마저도 없으면 차를 사지 않는 게 맞다. 할부나 리스 등의 금융상품을 이용해 빚을 지고 차를 사는 건 차를 살 능력이 안 된다는 말임을 겸허히 받아들일 필요가 있다. 하지만 다수의 영업사원들은 어떻게든 차를 팔기 위해 경제적 능력이 안 되는 이들에게 빚을 내서라도 구매하도록 유도한다.

　　사람들이 능력에 맞춰, 있는 돈에서 새 차를 산다고 가정하면, 그럴 수 있는 사람은 그리 많지 않다. 그럼에도 한국에서는 매달 10만 대 안팎의 신차가 팔린다. 그만큼 많은 소비자들이 과소비를 하고 있다는 말이다.

　　현금 1000만 원을 쥔 사람이 새 차를 사는 경우와 중고차를 사는 경우를 잠깐 비교해보자. 2014년형 쏘나타 더 브릴리언트 스마트 AT의 신차 가격은 2470만 원이다. 1000만 원을 주고 남은 금액을 24개월 할부로 지불하는 경우, 이자를 포함하여 매달 70~80만 원을 부담해야 한다. 2년 후 그 차의 가격은 대략 24% 정도가 떨어져 1970만 원 정도가 된다.

　　손에 쥔 현찰 1000만 원으로 중고차를 사는 경우를 보자. 이 돈이면 2007년식 쏘나타 정도를 살 수 있는 돈이다. 새 차를 살 경우 매달 내야 하는 할부금 70만 원 정도를 매달 저금을 하면 2년 후 1680만 원에 약간의 이자가 더해진 돈을 모을 수 있다. 신차와 같은 감가율 24%를 적용하면 찻값은 760만 원으로 떨어진다.

새 차를 산 경우 1970만 원짜리 차 한 대가 수중에 남는 반면, 중고차를 산 경우는 1700만 원가량의 현금과 760만 원짜리 중고차가 남는다. 약 2460만 원의 자산을 갖게 되는 셈이다. 중고차를 처분하면 2400만 원짜리 차를 살 수 있다. 2년이 4년이 되고 10년이 되면 그 차이는 더 크게 벌어진다.

차 살 돈 1000만 원도 없다면 500만 원짜리 중고차로 시작해도 된다. 500만 원짜리 중고차를 사고 2년 저금해 돈을 모으고 차를 처분한 돈을 보태 조금 상급의 중고차로 갈아타는 방법을 택하는 것이 현명한 소비다. 당장 월급을 받으니 돈은 없지만 할부를 이용해 새 차를 사는 건 장기적으로 볼 때 크게 손해 보는 일이다. 중요한 것은 이자를 내는 삶이냐, 저축을 하는 삶이냐를 선택하는 것이다.

중고차를 할부로 사는 것은 더 멍청한 일이다. 중고차 할부금리는 새 차 할부금리보다 훨씬 높다. 중고차를 사되 반드시 현금을 주고 사고, 할인받는 것 같은 효과를 누리고 싶다면 카드 일시불로 결제하고 포인트를 받으면 된다.

물론 중고차는 잦은 고장을 예상할 수 있다. 하지만 중고차를 구입할 때 100만 원 전후를 투자해 손보고 타면 큰 무리 없이 차를 운행할 수 있다. 차가 말썽을 부릴 확률은 중고차만 높은 게 아니다. 새 차도 속 썩이는 경우가 많다. 중고차를 잘 관리해서 탈 생각을 하는 게 훨씬 이롭다.

중고차는 새 차보다 등록비도 훨씬 싸고 보험도 상대적으로 저렴하다. 세금도 시간이 갈수록 싸진다. 생각보다 중고차가 갖는 매력은 크다.

　나도 첫 차는 중고차로 시작했다. 친구가 타던 3~4년 된 프라이드를 200만 원 주고 입양해 몇 년간을 잘 탔다. 사실 중고차를 산 것은 돈이 없어서였다. 새 차를 살 목돈도 없었고 워낙 박봉이어서 매달 할부금을 낼 엄두도 나지 않았다. 다행히 프라이드는 잔고장 없이 잘 달려줬고 자동차에 크게 돈 들이지 않고 생활할 수 있었다. 그럴 여유도 없었지만 만일 새 차를 할부로 구입했더라면 생활은 훨씬 더 쪼들렸을 것이다.

　"새 차 욕심내지 말고 중고차로 시작하라." 사회생활을 처음 시작하는 이들에게 꼭 해주고 싶은 말이다. 처음에는 폼도 나지 않고 옹색해 보일지 몰라도 능력 안에서 현금 주고 중고차를 사서 알뜰하게 저축하고 사는 게 지혜로운 일이다. 어차피 새 차는 인수하는 순간부터 중고차가 되는 법이다. 며칠 세차 안 하고 먼지 뒤집어쓰고 돌아다니면 새 차나 중고차나 큰 차이 없다.

당장 돈이 없어도
차를 살 수 있습니다

"손에 쥔 돈 한 푼 없어도 차를 살 수 있다." 자동차를 판매하는 이들이 한 대라도 더 팔기 위해 하는 대표적인 거짓말이다. 돈 없이 차를 사는 것은 엄밀하게 말해 '사는 것'이 아니라 '빌려 타는 것'이기 때문이다.

찻값을 어떻게 지불하느냐를 두고 아주 다양한 금융상품들이 있다. 많은 사람들은 차를 살 때 할부나 리스를 이용한다. 조금씩 차이가 있지만 부족한 돈을 빌려서 차를 구입하고 이자와 원금을 갚아나가는 형식은 같다. 돈이 부족할 때 차를 살 수 있는 편한 제도다. 바꿔 말하면 돈이 없는 사람에게도 어떻게든 차를 팔아보려는 이들이 만들어낸 기법이 바로 할부나 리스 같은 금융상품이다.

할부나 리스를 이용해 차를 구매할 때, 소비자는 차 하나를 산다고 착각하지만 현실은 엄연히 차와 금융상품, 두 개의 상품을 사는 셈이니 당연히 두 개의 상품 가격 모두를 지불해야 한다. 돈 없는 이에게 '돈'을 팔아 그 돈으로 차를 사게 하고, '판매한 돈값' 즉 이자도 받아 챙기는 것. 차를 파는 이들에겐 '일타쌍피'인 셈이다.

예를 들면 이렇다. 3000만 원짜리 쏘나타 한 대를 현찰을 받고 팔면 찻값만 받게 되지만, 금융상품을 통해 24개월 할부로 판매하면 자동차회사에서 주는 판매수당 이외에 할부금융사가 주는 별도의 수당까지 받을 수 있으니 영업사원 입장에서는 두 배의 이익을 볼 수 있는 셈이다. 영업사원들은 이런 이유로 당연히 할부나 리스 구매자를 선호한다.

물론 어떤 면에서는 소비자에게도 이익처럼 보일 수 있다. 돈은 없지만 당장 필요한, 또는 간절히 원하는 자동차를 살 수 있게 해주는 방법이기 때문이다. 부동산의 경우라면 구매자와 판매자 모두 이익일 수 있다. 구입한 부동산은 향후 가격이 오를 가능성이라도 있다. 그러나 자동차는 부동산이 아니다. 구매가 완료되는 순간부터 가격은 떨어지는 일만 남는다. 소비자는 당장 새 차를 샀다는 만족감을 느낄 수 있지만 결국 찻값과 돈값을 이중으로 오랫동안 갚아야 하는 부담을 떠안게 된다. 적어도 소비자에게 이익이 되는 구조는 아니라는 말이다.

무이자 할부라면 얘기는 조금 달라진다. 무이자 할부나 무이자

리스는 대부분 떨이를 할 때 어쩔 수 없이 사용하는 방법이다. 차가 팔리지 않아 재고가 쌓였다거나 후속 모델 출시가 임박한 시점에 단종될 차를 팔기 위해 판매 조건을 낮추는 것이다. 사고 싶은 차가 무이자로 팔린다면 마다할 이유가 없다.

눈치 빠른 독자라면 이쯤에서 알아챘을 것이다. 소비자의 입장에서 가장 좋은 구매 방법은 '현찰 박치기'다. 현찰로 지불하고 차를 사는 것. 가장 고전적이고 깔끔한 방법이다. 추가로 이자를 내야 할 필요가 없으니, 별도의 부담이 없는 것이다. 가게에서 물건 사듯 물건값 지불하고 가져오는 것. 소비자에게 유리한 가장 단순하고 명쾌한 방법이다.

물론 이 경우 영업사원에게서 추가 할인을 받기는 불가능에 가깝다. 할부로 팔아야 금융회사에서 수당을 받고 그 수당 한도 내에서 할인을 기대할 수 있는데 현금으로 차를 사는 고객에게는 할인을 해줄 수 있는 여지가 그만큼 줄어들기 때문이다.

여기서 '신의 한 수'가 있다. 이재에 밝아 땡전 한 푼을 허투루 쓰지 않는 세무사 출신인 후배가 있다. 자린고비까지는 아니지만 알뜰하기가 이루 말할 수 없다. 그런 친구가 차를 샀다. 어떻게 샀을까. 현금으로 차를 사는 것과 같지만 영업사원에게서 기대할 수 없었던 추가 할인 효과를 내는 방법. 바로 카드 일시불이다.

통장에 찻값을 지불할 만큼의 잔고를 채워넣은 뒤 카드로 가볍게 긁어준 것. 사전에 카드사에 연락해 자동차 구매 건으로 카드 사용한도를 풀어달라고 하는 것도 잊지 않았다. 카드 일시불 결제가 현금 결제보다 더 유리한 이유는 바로 카드 포인트에 있다.

그냥 현찰로 가져다줬으면 생기지 않았을 포인트였는데 카드로 결제해 그만큼 이익을 본 것이다. 영업사원이 가격 할인을 해주지 않아도 할인받은 것과 같은 셈이다.

차를 판매하는 입장에서 카드 일시불 고객은 최악의 경우다. 제값 받고 팔아도 카드 수수료만큼 카드 회사에 돈을 줘야 해 그만큼 손해이기 때문이다.

돈을 가졌으면 이렇게 손해를 보지 않고, 추가 부담 없이 차를 살 수 있다. 하지만 돈이 없으면 돈을 가진 금융회사에 손을 벌려 찻값과 돈값을 함께 지불해야 한다. 돈 없는 사람이 더 많은 돈을 써야 하는 세상이다.

월 40만 원만 있으면
수입차를 굴릴 수 있습니다

직업이 직업인지라 차를 사려는 이들이 이런저런 자문을 구해 오는 경우가 많다. 아끼는 후배가 차를 사려고 고민하다가 상담을 해왔다. 차를 사려고 모아놓은 돈 1300만 원이 있고 나머지 금액은 할부로 해 쏘나타나 K5를 살까 고민하는데 수입차를 타고 싶은 욕심이 자꾸 생긴다는 것이다. 여유자금이 조금 부족하지만 유예할부를 이용하면 당장 차를 살 수는 있을 것 같은데, 수입차라 아무래도 부담이 될 것 같다는 얘기다. 유예할부를 이용해 1500만 원을 먼저 내고 매달 30만 원 정도를 지불하면 나머지 2500만 원 정도의 지불은 3년 뒤에 해도 된다는 계산이었다.

나의 처방은 이랬다. "현찰을 주고 살 수 있는 범위에서 차를 택해라. 지금 너의 형편이라면 아반떼를 사는 게 최대한이다. 가장 바람직한 것은 지금 가진 돈으로 중고차를 사는 것이다." 적어도 유예할부는 하지 말 것을 강하게 주문했다.

이유는 이렇다. 지금 돈이 없는 사람이 유예할부가 끝날 때 지불해야 할 2000만 원 이상의 목돈을 어떻게 만드냐는 것이다. 할부금을 내느라고 저금을 하지 못할 테고, 그러면 당연히 목돈을 만들 수 없다. 할부금, 아니 이자만 열심히 내다가 나중에는 차를 돌려줘야 하는 상황이 눈에 뻔히 보이기 때문에 내린 처방이었다.

여기서 자동차 유예할부란, 차 가격의 30~40% 정도를 먼저 지불하고 남은 60~70%는 3년 후에 주기로 유예하는 것이다. 5000만 원짜리 차를 예로 들면 1500만 원을 먼저 내서 차를 받은 뒤 매달 30만 원 전후의 비용을 내고 3년이 지나면 나머지 3500만 원을 내서 완전히 내 차로 명의를 이전하는 방식이다.

이는 초기 구입비용을 줄여 쉽게 차를 사도록 소비자들을 유혹하는 방법이다. 큰돈 들이지 않고 차를 살 수 있다는 게 큰 매력이지만 지불해야 할 대가는 만만치 않다.

차량 총 구입비용을 따져보면 유예할부를 이용할 경우 20% 안팎의 비용이 더 지불된다. 매달 지불하는 30만 원 내외의 돈은 결국 지불유예한 70%의 찻값에 대한 이자다. 결국 찻값은 100% 다 지불하고 여기에 더해 이자를 매달 꼬박꼬박 내면서 할부금융사의 봉 노릇을 하고 있는 셈이다.

더구나 유예할부 기간인 3년 전후가 되면 신차의 보증수리 기간도 끝나게 된다. 그 이후 자동차에 들어가는 유지보수 비용이 크게 늘어난다는 것. 결국 부담 없이 차를 장만하려는 생각에 유예할부를 이용하지만 시간이 갈수록 부담이 늘어나는 구조다.

문제는 이 같은 유예할부 상품의 타깃을 경제적 지불능력이 없는 젊은 층으로 한다는 데 있다. 목돈이 없어 초기 부담이 작은 유예할부를 이용하는 이들이 계약기간을 다 마친 뒤 지불해야 할 더 큰 목돈을 어떻게 마련할 수 있을까.

'월 40만 원에 수입차를 굴린다.' 언뜻 보면 월 40만 원만 내면 수입차를 살 수 있는 것처럼 보이지만 사실은 그렇지 않다. 표현을 잘 보면 월 얼마에 차를 '살 수 있다'라고 하지 않는다. '탈 수 있다' 혹은 '누릴 수 있다'라고 표현한다. 파는 사람은 '탈 수 있다'라고 말하고 사는 사람은 '살 수 있다'라고 듣는다. 미묘하지만 큰 차이다. 앞뒤 가리지 않고 차를 사는 행태가 가장 큰 문제지만 이를 부추기는 이들의 책임도 크다.

현금 일시불과 36개월 유예할부의 차량 구매 비용 비교(벤츠 C220 CDI AV 연식 2013)

	현금일시불	유예할부	기타
차량가격	51,900,000	51,900,000	
취득세	3,302,730	3,302,730	
공채	566,180	235,910	마산 등록 기준
번호판/ 인지대	100,000		
탁송료	79,695		
리스 보증금		15,570,000	30%
잔존가치		15,570,000	30%
월 납입액		1,303,630	36개월 (금리 .64%)
월 납부금 총액		46,930,680	
총 구매비용	55,948,605	66,039,320	

※ 2013년 7월 8일 기준. (일시적 할인 등 프로모션 내용은 제외)

등록까지 저희가
'서비스'해드리겠습니다

새 차를 사면 등록을 해야 한다. 서울에서 차를 샀다면 주소지 구청을 찾아가 새로 산 차를 등록해야 한다. 새 번호판을 받아 차에 붙이면 비로소 도로 위를 정식으로 달릴 수 있는 자동차가 된다.

대부분 이 과정을 자동차 영업사원들에게 맡긴다. 영업사원이 먼저 해주겠다고 하기도 하고, 구매자가 이런 귀찮은 과정을 영업사원에게 해달라고 부탁하기도 한다. 새 차를 산 들뜬 기분에 서둘러 등록하러 달려가는 이들이 대부분이다. 차를 사는 모든 과정의 마침표를 빨리 찍고 싶은 기분일 것이다.

그러나 잠깐. 신차 등록은 가급적 천천히 하는 것이 좋다. 신차 등록 이전에 중대 결함을 발견하는 것과 등록 이후에 발견하는 것은 큰 차이가 있기 때문이다. 차가 이상이 없는지 차근차근 확실히 점검한 후에 해도 늦지 않다. 자동차를 사면 정식 등록을 할 때까지 임시번호판을 달고 운행하게 된다. 임시운행 기간은 공장에서 출고하고 열흘이다. 이 기간 동안 차량 구매자는 차를 충분히 살펴봐야 한다.

물론 차를 인수하는 순간에 최대한 꼼꼼히 살펴봤겠지만 차를 운행하는 과정에서 미처 발견하지 못한 결함이 드러날 수 있다. 엔진에서 발생하는 이상한 소리는 없는지, 가속 반응은 정상적인지, 차체 구석진 곳에 녹이 슬거나 부품을 교체한 흔적은 없는지, 이상한 냄새가 나지는 않는지 등등 임시번호판으로 운행할 때에는 온 신경을 차에 집중시켜 살펴야 한다.

자동차 등록은 차에 대한 소유권이 법적으로 완전히 이전됨을 말한다. 반대로 임시번호판의 경우는 아직 완전히 소유권이 이전되지 않은 상태다. 만일 차에 중대 결함이 생겨 환불이나 교환을 요구해야 하는 상황이라면 임시번호판일 때가 문제를 조금은 더 쉽게 해결할 수 있다.

임시번호판을 운용하는 데는 소비자의 권리를 보장하자는 취지도 있다. 차를 정식 등록하기 전에 차의 이상 유무를 확인토록 해 소비자의 권리를 보장하려는 것이다. 자동차 등록까지 영업사원에게 아예 맡겨버린다면 소비자에게 주어진 소중한 기회를 포기하는 셈이다. 편리할지는 몰라도 위험한 일이다. 부득이 영업사원에게 등록을 맡겨야 한다면 임시번호판 상태로 며칠 운행해본 뒤에 맡겨도 된다. 아예 자동차 등록까지 다 해놓고 차를 인수하는 것은 절대로 피해야 할 일이다.

수입차 중에서는 "등록까지 저희가 '서비스'해드리겠습니다"라며 완전히 정식 등록을 한 뒤에야 차를 소비자에게 넘겨주는 경우가 많다. 소비자들의 편리함을 위해서라고 하지만 실상 그 속내는 만일에 생길지 모르는 인수 거부나 환불, 차량 교체 등의 요구를 사전에 차단하기 위한 의도도 숨겨져 있다. 스스로 등록하겠다는 고객에게는 아예 차를 팔지 않는 업체도 있다. 소비자가 문제 제기할 기회를 완벽히 차단하겠다는 뜻이다. 따라서 특히 수입차를 살 때에는 계약하기 전에 반드시 스스로 등록할 것임을 밝히고 임시번호판 상태로 차를 넘길 것을 요구해야 불필요한 마찰을 줄일 수 있다.

새 차 등록을 직접 해야 하는 또 다른 이유는 돈이다. 새 차를 등록할 때에는 취득세, 등록세, 공채매입 등을 지불해야 한다. 대부분 그렇지 않지만 일부 영업사원들은 공채매입 후 할인 과정에서 일부 차액을 착복하는 경우가 있다. 그러니 영업사원이 투명하게 일을 처리했다고 해도 혹시나 하는 의심을 한 번쯤 하게 된다.

소비자가 직접 시청이나 구청을 찾아가 차량 등록을 하면 이 같은 의심을 하지 않아도 된다. 만일 등록을 영업사원에게 맡겼다면 영수증을 반드시 요구하고 계산이 맞는지 확인해볼 필요가 있다. 물론 얼마 되지 않는 돈인데 팁으로 주는 셈 치자고 한다면 일일이 살펴볼 필요는 없겠지만 말이다.

자동차 등록하는 방법

필요서류 신규등록신청서, 자동차제작증(수입차는 수입신고필증), 임시운행허가증 및 임시번호판, 주민등록등본, 자동차확인검사증, 책임보험가입증명서

처리순서 관할 관청 자동차등록과 방문 → 접수 → 등록세, 취득세 납부·공채매입 → 검토·처리 → 등록증 및 번호판 수령·부착 후 운행

등록비용 차액,
본사에서 해결해줄 겁니다

자동차 영업현장은 전쟁터다. 영업사원의 입장에서는 '내가' 파는 게 중요하다. 나 아닌 다른 모든 이들은 적이다. 지켜야 할 영업의 정도는 없다. 차를 구매할 때 처음부터 끝까지 정신 바짝 차려야 하는 이유다. 그렇지 않으면 언제 어떻게 뒤통수를 맞을지 모른다. 여기 생생한 사례가 있다.

수입차를 사기로 한 A씨는 먼저 계약금 10만 원을 입금하고 차가 나온 후 차 가격과 등록비용, 탁송료를 결제하고 차를 인수했다. 구매 후 영업사원이 가져온 각종 영수증들을 들여다보니 계산이 맞지 않았다. 계약과 출고, 등록 과정에서 건네준 돈과 영수증 액수가 맞지 않은 것. 꼼꼼하게 계산을 해보니 총 20만7821원의 차액이 발생한 것을 확인할 수 있었다. 이에 대해서 영업사원은 아무런 사전 설명이 없었다.

영업사원에게 이를 추궁하자 처음에는 자신은 모른다며 자신이 속한 본사에 문의하고 답을 준다고 했다. 이후 그 영업사원은 금액 차이가 있음을 시인했다. "본사에서 해결해줄 겁니다"라는 말과 함께였다. 계산 착오의 책임이 자신이 아니라 본사에 있다는 답이었고 차액은 본사에서 되돌려줄 것이라는 설명이었다.

잠시 후 핸드폰으로 문자가 왔다. "등록비 차액 입금 예정입니다. 계좌번호 부탁드립니다. OOO 대행사"라는 내용이었다. 하지만 이는 거짓말이었다. 문자를 보낸 사람은 같은 영업소의 다른 영업사원이었다. A씨가 차를 구입하기 전에 몇 군데 견적을 의뢰하면서 번호를 받았는데 그중 하나가 바로 그의 번호였던 것. 자신의 잘못이 드러났을 때 다른 영업사원이 대행사의 명의로 '커버'해주는 커넥션이 작동한 것이다.

이해할 수 없는 이 같은 일은 업계에서 종종 일어난다. A씨의 경우는 그나마 환불을 받을 수 있었지만 비슷한 상황에서 환불을 거부하는 황당한 일도 있다. 구매 과정에서 이런저런 할인을 해줬고 서비스를 한 부분이 있어서 환급을 해줄 수 없다는 논리다. '배 째'라는 태도다.

읍소형도 있다. B씨의 말을 들어보자. 등록비 차액이 발생해 차액 환불을 요구했지만, "이번 달 차를 몇 대 못 팔아 상황이 어렵다. 이 돈 그냥 나를 준 셈 치고 넘어가주면 안 되겠냐"는 영업사원의 말을 들었다며 황당해했다.

그나마 구매자가 꼼꼼히 확인하는 과정에서 문제가 드러나면 다행이다. 새 차를 받았다는 들뜬 마음에 등록비용을 자세히 살펴보지 않으면 영업사원들 주머니로 적지 않은 돈이 고스란히 들어가버린다.

돈을 되돌려받는 게 목적이었던 A씨는 계좌번호를 알려줘 입금을 받는 선에서 더 이상 문제 삼지 않았다. 하지만 자동차와 이를 파는 회사, 영업사원에 대한 믿음은 완전히 사라져버렸다. 이들이 원하는 것은 소비자 만족이나 권리가 아닌 '돈'이었다. 그것도 몇 푼 안 되는.

이런 피해를 입지 않으려면 소비자가 꼼꼼히 상황을 챙기고 주도권을 장악하는 게 중요하다. 입금된 돈의 명세서와 영수증 등을 챙기고 모르는 부분은 대충 넘어가지 말고 물어보고 확인해야 한다.

물론 모든 영업사원들이 이처럼 악질적으로 영업하는 건 아니다. 대다수 선량한 영업사원들은 신발이 닳도록 뛰어다니며 고객을 모신다. 하지만 이처럼 한두 명의 미꾸라지 같은 영업사원들이 있어서 분위기를 흐린다.

아는 영업사원을 통해 거래를 하는 것도 위험하기는 마찬가지다. 실적에 쫓기고 돈이 필요한 영업사원들은 아는 사람이라고 해도 빈틈이 있으면 가차 없이 치고 들어간다. 앞서 얘기한 A씨의 경우도 친구를 통해 소개받은 영업사원에게서 이처럼 황당한 일을 겪었다. 신뢰할 수 있는 영업사원을 택하는 것이 매우 중요함을 말해주는 부분이다.

그렇다면 신뢰할 수 있는 영업사원은 어떻게 선택할 수 있을까. 해당 영업사원을 겪어본 고객이 "믿을 만하다"라고 추천하는 경우다. 고객의 평가만큼 정확한 것은 없기 때문이다.

한곳에 오래 있는 영업사원이라면 그렇지 않은 영업사원보다 믿을 만하다. 자동차 영업직은 이직이 잦다. 나에게 차를 팔고 또 다른 곳으로 옮겨버리면 사후 관리를 받기가 불편해진다. 즉 한곳에서 오래 영업을 하며 고객들의 추천을 받는 영업사원을 만난다면 신뢰해도 좋다.

일단 차를 받으시면
나중에 조치해드리겠습니다

새 차를 계약하고 차를 기다리는 동안은 정말 행복한 순간이다. 오랫동안 고민하고 발품 팔고 영업사원과의 상담, '밀당'을 거쳐 계약서에 사인을 하고 나면 이제 남는 것은 차량 인도와 등록. 기다리던 새 차를 갖게 되는 것이다. 그 차가 첫 차라면 설렘은 훨씬 더 커진다.

드디어 내 차를 받는 날. 대개 약간의 흥분상태에서 차를 받게 된다. 미소가 절로 지어지고 심장 박동수는 스스로 어찌할 수 없게 요동친다. 그러나 "뜨악!" 눈에 확 들어오는 스크래치. 어떻게 할 것인가. 영업사원은 그냥 키를 주고 돌아가려는 눈치지만 차를 받을 수는 없는 노릇이다. 이때 영업사원이 달콤한 약속을

날린다. "일단 차를 받으시구요. 며칠 내로 제가 책임지고 조치
해드리겠습니다."

이런 경우 영업사원의 약속을 믿고 차를 받았다가는 낭패를 보
기 쉽다. 차를 인수받는 순간부터 구매자의 대항력은 크게 약해
지기 때문이다.

청주에 사는 내 동생이 실제 겪은 일이다. 국산 소형차를 계약
하고 차를 받으려는데 차에 앉아보니 오디오 모니터에 글자가 깨
지고 마치 TV 화면에 비가 내리는 것 같은 현상을 발견했다. 영
업사원은 "일단 차를 받으시면 내일 조치를 해드리겠습니다"라
고 동생을 설득하기 시작했다. 예의 그 달콤한 약속이다. 화가 나
면서도 당황한 동생은 내게 전화를 했다. 반쯤은 영업사원의 설
득에 넘어간 분위기였다. 나는 단호하게 말했다.

"인수하지 마. 절대 차를 받지 말고 돌려보내."

상황을 대충 만회해보려던 영업사원은 그때부터 난리가 났다.
여기저기 전화하고 알아보더니 바로 인근 직영정비업소를 찾아
가 문제의 오디오를 교체해왔다. 서너 시간 만에 문제를 해결한
것이다.

만약 차를 받고 차후에 해결하는 방법을 택했다면 어떻게 됐
을까. 하루 이틀을 넘겼을 것이고 경우에 따라서는 몇 달 혹은 그
이상 시간을 소비하며 속을 끓였을 것이다. 이상이 있는 차라면
인수를 거부해야 한다. 인수 이후에 이상을 발견하고 수리나 교
환을 요구하는 것은 한발 늦은 대응이다. 따라서 인수 여부를 판
단하기 위해서는 새 차를 받는다는 흥분을 가라앉히고 체크할 수

있는 모든 부분을 하나하나 체크해야 한다. 어두운 실내 주차장이나 밤에 차를 받는 건 바보짓이다. 밝은 실외에서 햇빛 아래에 차를 두고 가까이서 한 번, 멀리서 한 번 살펴보자. 만일 밤에 차를 받을 상황이 된다면 다음날 밝은 곳에서 차를 받을 수 있게 일정을 조정해야 한다.

내가 선택한 옵션들이 모두 제대로 설치됐는지, 색상은 맞는지 확인하고, 실내의 모든 스위치도 작동해보고 엔진룸도 구석구석 살펴보자. 헤드램프, 방향지시등, 안개등도 체크해야 한다. 모든 기능들이 제대로 작동하는지 가능한 모든 범위 안에서 살펴봐야 한다. 영업사원이 옆에서 재촉한다고 따라서 서두를 필요는 없다. 느긋하게 내 차와의 첫 대면을 즐기면서 하나하나 확인하는 게 반드시 필요하다.

이때 놓치지 말아야 할 게 있다. 차대번호다. 인수증에 있는 차대번호와 실제 차에 적힌 차대번호가 일치하는지 살펴봐야 한다. 차대번호는 사람으로 치면 일종의 주민등록번호와 같다. 그 안에는 차의 생산 시기와 장소, 차종 등 해당 차의 상세한 내용이 담겨 있다.

차대번호는 모두 열일곱 자리로 차에 따라 각각 다른 위치에 표시되는데 국산차는 주로 보닛을 열면 확인할 수 있다. 국산차라면 K로 시작된다. 한국에서 만든 차라는 의미다. 앞에서 열번째 글자를 보면 제작년도가 나온다. A는 2010년, B는 2011년, C는 2012년, D는 2013년에 제작된 차를 말한다.

명심하자. 차를 인수하는 순간이 차를 구매하는 전 과정에서 가장 중요한 순간이다. 만일 하자가 있는 차라면 이때 발견하고 인수를 거부하는 게 최선이다. 이 순간만큼은 냉정해져야 한다. '누구의 소개로 차를 사는데 그 사람이 곤란해지지 않을까. 영업 사원이 잘 아는 사이인데 일단 차를 받으면 알아서 잘 조치해주 겠지' 하는 생각은 일단 접어둬야 한다. 당장 불편해진다 해도 문 제를 명쾌하게 해결하기 위해선 단호한 태도가 필요하다.

제 계좌로 입금하셔야
할인받으실 수 있습니다

구입해야 할 차를 골랐고 할인을 많이 해주는 영업사원에게 계약금도 지불했다. 이제 잔금을 치르고 차를 받으면 된다. 멋진 내 차를 몰고 드라이브하는 기분 좋은 상상을 할 때 영업사원이 얘기를 한다. "제 계좌번호인데요. 여기로 입금하시면 됩니다."

이 말은 "제가 지금 사기를 치겠습니다"라는 말과 같다. 차를 구매하는 과정에서 영업사원이 할인 등의 명목을 앞세워 개인 통장으로 입금을 요구하는 사례가 있다면 뭔가 꿍꿍이가 있는 경우다. 국산차, 수입차를 막론하고 신차를 판매하는 모든 회사에서는 회사 명의의 통장으로 대금을 입금하도록 정하고 있다. 만일 영업사원의 개인 명의 통장으로 입금한 경우 차를 못 받는 사고가 났을 때 피해보상을 받기 매우 힘들다.

2012년 대전에서는 벤츠 영업사원의 사기 행각으로 수십억 원대의 피해가 발생했다. 문제의 영업사원은 충청지역 판매왕을 2년 연속 차지했던 인물로 20%가량 할인한 가격으로 차를 팔아 개인 명의의 통장으로 입금을 받고, 기존 고객 몰래 자동차 계약서와 캐피탈 서류를 위조해 새 차를 출고시켜 실적을 올렸다. 그러나 결국 월 납입금을 제대로 납부하지 못하면서 이 사람에게 차를 계약했던 많은 사람들이 돈은 주고 차는 받지 못하는 상황에 처하게 된 것이다. 한국이 수입차 시장을 개방한 1988년부터 벤츠를 판매해온 한성자동차에서 사고가 터졌다는 점에서 더 충격을 주었다. 수입차 시장의 과열된 경쟁이 부른 사고였다.

실적 압박에 시달리는 영업사원들은 경쟁이 심할 땐 고급차의 경우 100~1000만 원까지 할인하여 판매하기도 한다. 이럴 때 잘못된 판단을 하게 되면 얼마든지 유사한 사례가 또 발생할 수 있다는 점이 문제다.

영업사원이 사기를 친 것도 잘못이지만 소비자들이 조금만 더 현명했다면 이를 피할 수도 있었다는 점에서도 안타깝다. 물론 제법 많은 금액을 깎아주는 대신 개인 통장으로 입금하라는 유혹을 이기기 힘들었을 것이다. 그래도 자동차를 구매할 때 모든 돈 거래는 판매회사 명의의 통장을 이용해야 하는 게 철칙이다. 영업사원이 개인 통장으로 입금을 요구할 때에는 뭔가 문제가 있다고 보고 절대 응해서는 안 된다.

나에게 맞는 차 고르기

◆ 경차

경제성, 즉 돈을 덜 들이고 차를 굴려야 하는 사람에게는 단연 경차가 최고다. 경차는 차가 작아 기름도 덜 먹고 찻값도 싸다. 취득세와 등록세를 면제받고 고속도로 통행료와 공영 주차장에서 50% 할인, 책임보험료 10%, 혼잡통행료 50% 할인 등의 혜택을 받는다. 기아차 모닝과 한국지엠의 스파크가 있다.

◆ 세단 sedan

세단은 엔진룸과 객실, 트렁크로 정확히 구분되는 차다. 소형에서 초대형까지, 가격대도 다양해 선택의 폭이 가장 넓어 시장에서 가장 많이 팔리는 차이기도 하다. 이동수단으로서 자동차에 만족하는 이라면 무난한 세단이 좋다.

◆ 쿠페 coupe

원래 문이 2개인 차를 쿠페라고 하지만 최근에는 4도어 쿠페도 나온다. 디자인이 멋있어 일반 세단이 쿠페 스타일임을 강조하는 경우도 많다. 개성이 강한 젊은 층이 선호하는 차종이다. 멋진 스타일을 추구하다보니 뒷좌석이 좁고 천장이 낮아 불편한 게 흠이다. 제네시스 쿠페, 아반떼 쿠페, 포르테 쿱 등이 있다.

◆ 밴 van

부모님을 모시고 사는 가족이나 대가족의 경우 밴은 최고의 선택이 된다. 짐과 사람을 많이 싣고 움직여야 하는 이들에게도 좋은 차다. 9인승까지는 승용, 그 이상은 승합차가 된다. 9인승 이상의 승합차에 6명이상 타면 고속도로 버스 전용 차로를 달릴 수 있다. 기아차 카니발, 현대차 스타렉스, 쌍용차 로디우스 등이 있다.

◆ SUV sport utility vehicle

과거에는 지프로 불리던 차종으로 군용차에 뿌리를 둔 차다. 자동차관리법에서는 다목적형 승용차로 분류한다. 일반 승용차에 비해 공간이 넓고 시야도 넓어 운전하기 편할 뿐 아니라 길이 험해도 잘 달릴 수 있다. 세단에 싫증 난 소비자들이 SUV를 택하는 경우가 많아 요즘에는 도심 지향의 이륜구동 SUV들이 더 많이 팔린다. 활동성이 크지만 비싼 가격이 흠이다. 현대차 투싼, 싼타페, 기아차 스포티지, 쏘렌토, 모하비, 한국지엠의 쉐보레 올란도, 르노삼성차의 QM5 등이 있다.

◆ 왜건 wagon

세단의 트렁크 공간까지 지붕을 덮고 실내를 튼 형태가 왜건이다. 차의 형태가 정통 세단에서 벗어나 있어 보수적인 소비자들은 눈길을 주지 않지만, 실용성을 우선하는 이들은 좋아한다. 짐을 싣고 내리기 편해 일상생활에서는 물론 여행을 가기에도 좋은 멀티플레이어. 유럽에서 인기가 많지만 한국에서는 많이 팔리지 않아 국내 제조사들도 잘 만들지 않는다. 현대차 i30와 i40 정도가 국내 시장을 형성하고 있다.

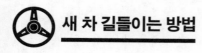# 새 차 길들이는 방법

◆ 사용설명서를 먼저 정독하자

새 차를 산 소비자의 마음은 한동안 흥분 상태가 된다. 기분이 좋고 맥박도 빨라진다. 차를 타고 싶고, 어딘가로 향해 달리고 싶어진다. 하지만 그전에 반드시 사용설명서를 정독해야 한다. 차량 각 부위의 명칭, 어떤 기능이 있고 작동은 어떻게 하는지, 보닛은 어떻게 열고, 오일류 교환은 언제 하는지, 정기점검 주기는 어떻게 되는지, 비상사태 때 어떻게 대응해야 하는지, 하다못해 주유구는 어느 방향에 있고 어떻게 여는지까지 사용설명서를 읽으며 내 차를 하나하나 알아가자.

◆ 고속주행은 하지 말자

새 차를 받고 다짜고짜로 고속주행에 도전하거나 RPM을 높게 사용하는 건 권하지 않는다. 아직 차의 각 부분이 적응되지 않은 상태에서 극한의 고속주행에 나서면 차에 무리를 줄 수 있어서다. 일상주행 속도로 차의 흐름을 따라 편안하게 운전하는 게 좋다. 1000~2000km까지는 최대한 부드럽게 운전할 것을 권한다. RPM은 2000 전후, 높아도 3000을 넘기지 않는 수준이 좋다.

◆ 장거리주행 시 변속기를 골고루 사용하자

새 차를 타고 장거리를 달릴 일이 생기면 같은 속도로 계속 달리는 것보다는 저속, 중속, 고속 등으로 나눠 주행하고 변속기도 각 단을 골고루 사용하는 게 좋다. 정속주행(크루즈컨트롤) 기능이 있다면 활성화 시킨 뒤 속도를 정해놓고 2, 3, 4, 5, 6단 기어를 골고루 사용해주면 좋다. 차를 다양한 상황에 적응시킨다고 보면 된다.

◆ 엔진오일 교환은 1000km 전후에 하자

새 엔진이 작동을 시작하며 먼지, 쇳가루 등이 오일에 섞이게 되는데 엔진오일 교환주기가 오기 전에 미리 한 번 더 교환해주는 게 좋다. 엔진오일은 너무 자주 갈 필요가 없지만 새 차일 때 처음 한 번은 조금 일찍 교환한다고 생각하면 된다.

◆ 광택작업은 3개월 후에 하자

새 차를 넘겨받자마자 곧바로 광택작업을 시도하는 이들이 있다. 바보 짓이다. 새 차는 공장 출고 후 3개월가량이 지나야 보디 페인트가 완전히 건조되고, 차의 도장이 안정된다. 광택작업은 차의 도장면을 아주 얇게 벗겨내는 것으로 사람으로 치면 박피술 같은 것이다. 아기 피부에 박피할 필요가 없는 것처럼 최고의 상태로 도장된 새 차의 표면을 벗겨낼 필요는 없다. 이 기간 동안에는 자동세차도 피해야 한다.

요즘에는 표면을 벗겨 내는 광택작업이 아니라 코팅을 입히는 작업을 하기도 한다. 이 경우는 크게 상관이 없지만 그래도 새 차의 도장면이 안정되는 기간을 지낸 뒤 작업하는 게 좋다.

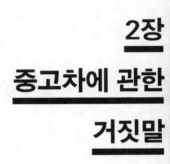

2장

중고차에 관한

거짓말

사고차가 절대 아닙니다

십중팔구 당신이 만나는 중고차 딜러는 "사고차 아닙니다"라고 말을 할 것이다. 확률로 보면 시중에 팔리는 중고차 대부분은 간단한 수리 정도라도 거친 사고차인데 딜러는 사고차가 아니라고 한다. 소비자는 혼란스러울 수밖에 없다.

중고차 시장에서 팔리는 차는 사고차와 수리차, 무사고차 세 종류가 있다. 정비공장에서 수리를 했던 차라고 해도 사고차와 수리차로 구분하는 게 특징이다. 교통사고로 차축, 프레임 등 차의 안전과 관련한 부분을 수리한 경력이 있는 차를 사고차, 사고와 수리 이력이 있다 해도 차의 주요 부위와는 상관없는 경미한 부분을 손봤던 차는 수리차로 나눠 부르는 것. 다시 말해 대형사고를 만나 대파됐던 차들은 사고차가 되고, 펜더·도어·보닛·범퍼 등의 단순 교환 및 수리 등의 이력이 있는 차는 수리차다. 이에 반해서 무사고차는 단순한 수리이력조차 없었던 자동차를 말한다. 대부분의 소비자들이 작은 접촉사고를 거친 차도 사고차로 여기는 것과는 큰 차이가 있다.

간혹 일부 딜러들은 범퍼나 도어 교체 등도 무사고로 간주하는 경우가 있다. 무사고차에 대한 개념이 서로 다를 수 있는 만큼 중고차를 살 때에는 이 부분에 대해 확실하게 짚어야 한다. 무사고의 의미가 무엇인지를 묻고, 수리차에 해당하는지를 따져봐야 하는 것이다. 하지만 무사고차인지 아닌지 중고차 딜러인 그들도 모르는 경우가 태반이다.

취재를 위해 내가 직접 타던 차를 끌고 가 견적을 내본 적이 있다. 서울 시내 각 지역별로 주요 중고차 시장을 돌며 7~8군데에서 딜러를 만나 차량 견적을 받아보고, 사고 부분을 제대로 짚어내는지 확인해봤다. 1995년식 크레도스였는데 가벼운 접촉사고로 우측 펜더를 교환했던 전력이 있는 차였다. 당시 해당 차종은 250만 원 전후로 시세가 형성돼 있었다.

중고차 딜러들을 찾아 차를 팔러 왔다고 했더니 매입가격은 180만 원부터 300만 원까지 천차만별이었다. 손전등을 들고 차의 여기저기를 살피며 수리 흔적을 찾았지만, 우측 펜더 교환 사실을 지적한 사람은 딱 세 명이었다. 나머지는 '무사고차'라는 내 말을 듣고는 그대로 매입가격을 얘기했다. 흥정하는 척하다가 돌아서 나오는 나를 붙잡으며 가격을 조금 더 올려주는 경우도 있었다.

10년쯤 전의 일지만 매입 과정에서의 주먹구구식 차량 감정은 지금도 크게 나아지지 않았다. 따라서 중고차를 구매하기로 했다면 몇 가지 기준을 스스로 가지고 있는 게 좋다. 그중 하나가 사고이력이 있는 차를 살 것인지 말 것인지를 결정하는 것이다. 충고를 하자면 차의 프레임이나 차축이 손상을 입었을 정도로 크게 파손됐던 차가 아니라면 사고이력이 있는 차를 싸게 사는 것도 좋은 방법이다.

　대부분 무사고차를 선호하지만 무사고차만 고집하다 속을 가능성이 크다. 파는 사람도 무사고로 알고 팔았지만 정비이력이나 보험기록을 통해 사고차 혹은 수리차였음이 밝혀지기도 한다. 아예 기준을 조금 낮춰 잡고 '수리차'를 찾아보면 선택의 폭은 훨씬 넓어진다. 참고로 얘기하자면 중고차 시장에 나온 차들 중 10대 중 7~8대는 사고차나 수리차에 해당하고 나머지 2~3대만이 무사고차라고 보면 된다. 연식이 오랜된 차인데 무사고차임을 기대하는 건 무리다.

　그렇다면 직접 사고차인지 알아볼 방법은 없을까. 쉽지는 않지만 차를 잘 살펴보면 사고의 흔적을 찾아낼 수 있다. 셜록 홈스의 마음으로 손전등을 들고 나서자. 구석구석 살펴보면 평소에 보이지 않았던 부분들이 선명하게 보인다. 사고의 흔적들도 따라서 드러나게 마련이다.

● 보닛

어떤 형태로든 정면충돌을 겪은 차라면 보닛이 손상돼 교환하는 과정을 거치게 된다. 보닛 안쪽의 끝부분 연결부위를 보면 실리콘 처리를 한 곳이 있다. 부자연스러운 곳이 없는지 본다. 손톱으로 실리콘을 꾹 눌렀을 때 손톱자국이 금방 사라지면 교환하지 않은 보닛이다. 손톱자국이 오래 남아 있다면 교환한 보닛이고 따라서 어떤 사고를 당했던 차라고 추론해볼 수 있다.

● 도어

도어를 열어보자. 도어 안쪽 사람 손이 닿지 않는 곳이 중요하다. 이 부분은 적당히 더러운 것이 정상이다. 먼지도 묻어 있고 때도 앉아 있어야 할 이곳이 깨끗하다면 의심해봐야 한다. 도어를 떼어내 수리를 하면서 평소에 손이 닿지 않던 이곳까지 깨끗하게 청소했다는 말이다. 실리콘 색깔도 중요한 단서다. 실리콘 색깔이 다른 부분과 같은지, 비슷한 형태인지를 살펴보자.

● 볼트

앞문을 열고 앞펜더가 차체에 결합된 부분의 볼트를 보자. 볼트에 페인트가 덮여 있으면 원래 상태 그대로라고 보면 된다. 펜더를 교체했다면 볼트를 풀고 조이는 과정에서 흠집이 생긴다.

● 트렁크

트렁크 안쪽에서도 중요한 단서를 찾을 수 있다. 트렁크를 열고 바닥 철판의 모서리를 유심히 보자. 모서리가 매끄럽게 잘 마무리 된 것은 출고 상태 그대로라는 말이고 이는 곧 트렁크 부분이

다칠 정도의 사고는 없었다는 의미다. 철판 모서리가 거칠면 그 반대를 의심해봐야 한다.

● A필러와 지붕

차 앞문을 열고 A필러(프런트필러front pillar)와 이어지는 지붕을 살펴본다. 고무패킹을 이어 붙인 자국이나 그 안쪽으로 철판에 녹이 슨 자국이 있다면 지붕을 수리했다는 의미다. 차의 지붕이 파손되는 사고라면 보통 사고는 아니다.

중고차 수요자들이 사고차보다 더 피하고 싶은 차 중 하나가 바로 침수차다. 가끔씩 물난리가 나면 물에 잠기는 차들이 생기는데 이런 차들이 수리를 거친 뒤 다시 중고차 시장에 매물로 나타난다. 침수차는 오래 지나지 않아 차체 부식이 진행되고 잔고장이 생기는 등 말썽을 부릴 확률이 매우 높다.

실내에서 악취가 나거나 시트나 천장에 얼룩이 남아 있고, 시트 안쪽, 안전벨트 클립이 들어가는 곳, 시거잭, 수납공간의 모서리, 심지어 연료 주입구 등에 모래가 끼어 있다면 침수차로 의심해야 한다.

하지만 앞서 살펴본 이런 방법들은 차에 익숙하지 않은 이들이 시도하기엔 쉽지 않은 방법들이다. 일단 살펴보고 의심이 가는 부분들은 정확하게 물어보고 답을 구한다. 만일 사고차나 침수차라는 의심이 든다면 구입을 피하는 게 상책이다.

이런 과정을 거쳤다면 계약서를 쓸 때 무사고차인지, 수리했다면 어떤 부분을 수리한 차인지 기재해달라고 요구할 수 있다. 기재와 다른 사실이 나중에 밝혀지면 클레임을 제기해 보상을 받기가 수월해지기 때문이다.

성능점검기록부만
믿으세요

중고차를 살 때 딜러들은 자신들을 믿지 못하면, 성능점검기록부만 믿으면 된다고 한다. 성능점검기록부는 소비자의 편의를 강화하고 피해를 막기 위해 판매자가 반드시 교부하도록 법으로 의무화하고 있는 것으로, 정부의 허가를 받은 중고차 매매상과 딜러만 발급할 수 있다. 성능점검기록부에는 차의 연식, 주행거리, 색상, 번호, 차대번호, 부품 교환 여부, 사고 유무 등이 표기된다. 이를 교부하지 않는 업체라면 일단 미등록업체로 보고 거래를 하지 않는 게 좋다.

그러나 성능점검기록부는 딜러들의 말과 달리 완전히 믿을 수 있는 것은 아니다. 성능점검업체들은 대부분 육안이나 간단한 장비로 검사한다. 고의든 실수든 점검이 잘못될 여지가 있고, 정밀한 기계로 하는 것이 아니기 때문에 완전무결한 성능점검은 불가능하다고 봐야 한다. 게다가 성능점검업체와 매매업체는 이해관계가 얽혀 있어 소비자 입장에서 까다롭게 점검해줄 것을 기대하는 것은 무리다. 이러한 이유로 성능점검기록부에 '양호'하다고 기재되어 있다고 해도 차의 상태가 실제로 그렇다고 단정하고 믿기는 힘들다.

하지만 중고차를 구입한다면, 성능점검기록부에 대한 신뢰와 별개로 이를 반드시 챙겨야 한다. 차후 문제가 발생하면 자신의 주장을 뒷받침하는 중요한 법적 근거가 되기 때문. 발부받을 때에는 꼼꼼히 살펴보고 모르는 부분에 대해서는 반드시 물어본 뒤 필요하다면 기록으로 남겨둬야 한다.

현행법상 성능점검기록부를 허위로 기재하면 500만 원 이하의 벌금과 2년 이하의 형사처분을 받도록 되어 있고, 성능점검기록부에 표시한 내용이 실제와 다른 경우, 점검 항목, 상태 표시, 용접, 교환 여부 등과 관련해 잘못 점검한 경우에는 성능점검자나 매매업자가 무상수리, 부품 교환, 수리비 보상 등의 조치를 취해야 한다. 성능점검기록부에 대한 보증기간은 중고차 인수일을 기준으로 30일 또는 주행거리 2000km 중에서 먼저 도래한 것을 기준으로 한다.

그렇다면 구입하려는 차에 대해 성능점검기록부 이상의 확인은 불가능한가. 그렇지 않다. 보험개발원에서 운영하는 '카 히스토리'www.carhistory.or.kr를 이용하면 보험수리 여부를 알 수 있다. 보험개발원에서는 카 히스토리 사이트를 통해 사고이력을 조회할 때 내야 하는 수수료 5000원을 2013년 4월부터 1000원으로 대폭 내렸다. 1000원을 내면 연간 3회까지 사고이력을 조회할 수 있다. 다만 이곳에서 제공되는 정보는 보험 데이터를 통해 수집된 것으로, 보험처리를 하지 않고 자부담으로 차를 수리한 경우는 조회를 해도 사고 여부를 알 수 없다. 이외에 기업형 중고차 거래업체에서 제공하는 중고차 성능점검 서비스를 이용하는 것도 도움이 된다.

다른 데 가봐야
똑같아요

중고차 업체나 시장별로 가격표를 정기적으로 발행해 내놓고 있
기는 하지만, 이는 그야말로 참고용일 뿐 자동차의 상태에 따라
가격은 제각각이다. 신차의 경우 제품이 표준화되어 있으니 동일
한 가격을 적용할 수 있다. 이와 달리 중고차는 팔리는 상품의 상
태가 다 달라 표준화와는 거리가 멀다.

신차 가격이 2000만 원이었던 3년 된 중고차의 가격이 1700만
원이라고 한다면, 그 차의 상태, 사고 및 수리 여부에 따라 가격
은 달라진다. 이들 조건이 같다고 해도 서울이나 부산, 제주에서
같은 가격에 살 수는 없다. 같은 시장 안에서도 가격은 달라진다.

그럼에도 불구하고 중고차 시장에 가보면 "다른 데 가봐야 똑

같다"라고 말한다. 손님을 붙잡으려고 하는 말이니 소비자 입장
에선 흘려들으면 되는 말이지만 어디 그런가. 귀가 얇은 사람들
은 그런가보다 하고 못 이기는 척 따라나서게 된다. 그렇다면 어
떻게 해야 할까.

● 발품을 팔아라

어떤 제품이든 마찬가지지만 특히나 중고차는 부지런히 여기저
기 다녀보고 알아볼수록 더 매력적인 가격을 찾을 수 있다. 다른
데 가보면 또 다른 차와 주인을 만나게 된다. 팔 때도 그렇고 살
때도 마찬가지다. 하지만 무조건 '싼값'만을 찾아다니면 생각하
지 못한 낭패를 겪을 수 있다.

● 호객꾼은 피해라

중고차 시장에 가보면 시장 입구에서 고객들을 붙잡는 호객꾼들
이 있다. 이들은 피하는 게 상책이다. 차를 보여주겠다며 일단 고
객을 데리고 간 뒤에는 강압적인 분위기를 만들어 차를 떠넘기기
도 한다. 이들에게서 차를 사면 사후에 문제가 발생했을 때 마땅
히 처리할 방법을 찾기 어렵다.

● 허가업체를 찾아라

허가업체를 찾아야 하는 이유는 간단하다. 최소한의 신뢰성을 확
보한 곳이기 때문이다. 허가업체를 찾아 정식 딜러를 통해 차를
사면 차의 문제 혹은 거래 과정의 문제를 해결하기가 용이해진

다. 문제가 생겼을 때 보상을 받을 수 있다는 점도 큰 장점이다.

● 온라인 거래는 믿을 만한 곳을 찾아라

요즘에는 온라인을 통한 개인 간 거래도 크게 늘고 있다. 개인 간 직거래는 유통마진을 줄여 싸게 거래할 수 있는 대신 차에 문제가 생겼을 때 분쟁이 생길 소지도 크다. 따라서 성능점검을 받을 수 있는 곳이어야 하고 문제가 생겼을 경우 사후 대책이 충실하게 마련되어 있는, 사회적으로 신뢰성을 인정받은 중고차 전문 거래 사이트를 이용하는 것이 좋다.

● 미끼상품은 눈도 주지 말자

중고차 거래 사이트에 보면 눈길을 확 끄는 매물이 심심치 않게 등장한다. 차 상태와 조건에 비해 가격이 많이 낮은 제품들이다. 대부분 이런 상품들은 미끼상품일 확률이 높다. 이미 판매된 제품이지만 소비자들을 '낚기' 위해 삭제하지 않고 남겨둔 것. 그런 차는 사려고 연락을 하면 차가 있는 것처럼 "일단 와서 보라"고 말한다. 그러나 정작 가보면 "그 차는 팔렸고 다른 차 한번 보시지요"라며 엉뚱한 차를 보여준다. 이런 곳에서는 그냥 발길을 돌려 나오는 게 좋다. 신뢰할 수 없는 곳이기 때문이다.

지금 사지 않으면
손해입니다

어떻게든 소비자들의 지갑을 열어야 하는 판매자는 "지금 사지 않으면 손해다"라며 소비자들을 은근히 압박하는 경우가 많다. 언제 사느냐의 문제는 핸드폰이나 가전제품, 신차뿐만 아니라 중고차를 살 때도 마찬가지다. 중고차 딜러에게 이런 말을 들으면, 늘 하는 말인 줄 알면서도 쉽게 발길을 돌리기 어렵다. 정말 지금 사지 않으면 손해일까.

　중고차를 사기 가장 적합한 시기는 '가격 조정 이후'다. 이때 딜러가 "지금 사지 않으면 손해"라고 말한다면 믿어도 좋다. 하지만 그렇지 않다면 과감하게 발길을 돌려라. 중고차는 일반적으로 시간이 흐를수록 가격이 떨어진다. 시세는 한 달 단위로 조정

되기 때문에 한 달이 지날 때마다 가격이 내려간다. 해가 바뀌면 가격 조정 폭은 조금 더 커진다. 연식이 바뀌면서 차령車齡이 더 늘어나기 때문이다. 따라서 같은 차라도 2월 20일보다 3월 5일에 구입하는 것이 좋고, 12월이라면 해가 바뀐 뒤로 구입을 미루는 게 좋다.

아주 예외적으로 일시적인 수급 차이로 가격이 오르는 경우도 있지만, 이런 경우에도 시간이 흐르면 가격은 다시 내려간다. 주식으로 치면 약보합세를 꾸준히 유지하며 하향곡선을 그리는 것이다.

새 모델이 출시되는 시기도 중고차를 사기 좋은 때다. 신차 시장에 2014년형 모델이 나오면 2013년형은 구형 모델이 되니, 중고차 시장에서 해당 차종의 가격은 크게 떨어지기 마련이다. 연식변경 정도가 아니라 완전히 바뀌는 풀체인지 모델이 나오면, 가격 하락폭은 조금 더 커진다.

신차를 일시적으로 할인하여 판매하거나 가격 자체를 아예 내리면 중고차 시세도 따라서 내려간다. 가격을 내리지는 않았지만 무이자나 저금리 할부로 판매하는 등 판매조건을 완화해도 중고차 가격은 영향을 받는다.

중고차를 사려고 마음먹었다면, 신차 시장을 유심히 지켜보면서 적절한 구입 시기를 잡으면 된다. 앞서 살펴본 것처럼 신차 시장의 움직임이 중고차 시장에 영향을 주기 때문이다.

그렇다고 이것저것 따지며 구매를 마냥 미룰 수는 없다. 이달보다는 내달, 내달보다는 그다음 달에 사면 더 싸게 살 수 있다는 생각에 미루다보면 마음에 드는 차가 계속 남아 있으리라는 보장이 없기 때문이다. 따라서 구입을 미리 계획하고, 시기에 맞춰 둘러본 뒤 자신이 세운 기준에 맞는 차를 발견했다면 구입하는 것이 좋다.

LPG 중고차라
저렴합니다

LPG차는 연료비가 적게 든다는 이유로 중고차 시장에서 제법 큰 인기가 있다. 하지만 택시나 렌터카 등 영업용으로 사용하던 차를 손본 뒤 자가용으로 탈바꿈한 '부활차'를 만날 수 있으니 매우 세심하게 차를 살펴보고 판단해야 한다.

부활차는 주로 주행거리조작, 서류조작, 도색변경 등을 거친 뒤 무허가 판매상들을 통해 자가용으로 유통된다. 최소 연간 7만 km 이상을 달려야 하는 게 택시의 운명이라 5년을 탄 택시라면 35만 km를 달린 차라고 보면 된다. 법으로 정해진 택시의 운행 기간은 4~6년인데, 이 기간을 넘기고 중고차 시장에 나온 만큼 엔진과 변속기 등 주요 구성 부품의 수명이 다했다고 봐야 한다.

따라서 부활차를 만나면, 잦은 고장으로 인한 수리비를 감수해야
한다.

　문제는 이런 차들이 저렴하다는 것을 장점으로 유통되고 있다
는 것. 그나마 택시였다는 사실을 알고 탄다면 낫지만 속고 사는
경우가 더 많다. 속지 않고 예전에 택시였던 부활차를 가려내는
방법은 의외로 쉽다. 차의 곳곳에 택시의 흔적들이 있어서다.

● 내부

차의 실내 여기저기 스티커나 인형 등의 장식이 남아 있는 차들
은 좀더 유심히 살펴볼 필요가 있다. 스티커로 나사 구멍을 가리
는 등 택시였던 흔적을 지우기 위해 다양한 소품을 사용하기 때
문이다. 택시면허증을 붙여놓는 조수석 대시보드도 흔적이 남아
있게 마련이니 주목할 부분이다. 운전석 도어패널에 돈지갑을 매
달아놓았던 나사 구멍도 이 차의 과거를 말해주는 증거. 매트가
플라스틱이나 비닐 재질이라면 역시 택시가 아니었는지 의심해
봐야 한다.

● 지붕

지붕은 택시 표시등이 자리했던 곳이다. 택시 표시등을 고정시켰
던 자국이나 이를 가리기 위해 판금한 흔적이 남아 있는지를 살
펴야 하는 것. 태양을 마주 보고 역광으로 차를 살피면 판금 흔적
을 가장 잘 살펴볼 수 있다.

● 자동차등록원부

자동차등록원부를 통해 차의 이력을 살펴보면 과거는 금방 드러난다. 등록원부상 해당 차량의 최초 번호판 넘버가 '아, 바, 사, 자'로 시작했다면 이는 택시였다는 명확한 증거다.

이와 같은 방법을 통해 부활차임을 알았다면, 그곳에서는 거래를 하지 않는 것이 낫다. 무허가 업체일 확률이 높을 뿐만 아니라 이미 한번 고객을 속인 신뢰할 수 없는 업체이기 때문이다.

당장 싼 맛에 부활차를 가져올 수는 있지만, 제대로 차를 운행하기 위해서는 손봐야 할 곳이 너무 많아 더 많은 비용이 들어가므로 부활차는 사지 않는 게 좋다. 싼 게 비지떡이라는 말은 부활차에 딱 맞는 말이다.

대포차가 더 싸고
유지비도 안 들어요

대포폰이 뉴스를 장식하던 때가 있었다. 총리실 관계자들이 민간 인 사찰을 하는 과정에서 대포폰을 사용했다는 점이 알려지면서 국민들을 화나게 했다.

자동차에도 대포차가 있다. 자동차등록원부의 명의자와 다른 제3의 인물이 차를 소유하고 있는 경우다. 단순히 명의자와 소유 주가 다른 것이 문제가 아니라 합법적인 절차를 거치지 않고 무 단으로 점유하거나 거래한다는 것이 문제다. 이런 대포차는 뺑소 니나 세금횡령에 주로 이용되기 때문에 법적으로 거래를 할 수 없고, 이를 이용해 범죄를 저지르면 판매자와 구매자가 처벌을 받고 구속될 수도 있다.

대포폰처럼 대포차 역시 범죄자들이 애용한다. 대포차 타고 대포폰을 이용하며 범죄를 저지르면 이들을 찾아내기가 무척 어렵기 때문이다. 따라서 대포차를 운용하고 있다면 잠재적 범죄자로 봐도 잘못된 판단이 아니다.

대포차는 어떻게 만들어질까. 가장 먼저 꼽을 수 있는 게 도난차다. 차를 훔쳐다 싼값에 처분해버리는 것. 사채업자에게 대출을 받았다가 돈을 갚지 못해 넘겨준 차가 대포차로 팔려나가기도 한다.

법인 명의의 자동차를 판매한 뒤 회사가 부도 등으로 문을 닫게 되면서 명의이전 서류를 발급해주지 못해 법인 대포차가 되어버리기도 한다. 드문 경우지만 고의 부도를 내서 일부러 이런 상황을 만들기도 한다.

개인 명의인 경우, 과태료와 세금 등을 연체하다가 누적된 금액이 중고차 가격보다 더 많거나 비슷해지면 시세보다 싸게 차만 넘기고 명의이전 서류는 주지 않는 경우도 있다. 차를 구매한 사람이 명의이전을 하지 않고 연락을 끊은 채 차를 운행하는 경우도 있다.

이런 대포차는 절대 구매해선 안 된다. 터무니없이 싼 가격에 차를 굴릴 수 있을지 모르지만 소유권을 인정받을 수 없기 때문이다. 불법주차로 견인된다면 차를 돌려받지도 못한다. 경찰의 검문에 걸리면 차를 압수당하거나 심할 경우 범죄 혐의를 받아 수사를 받게 될지도 모른다. 그러니 중고차를 살 때에는 반드시 차량 명의자와 실소유주가 같은지 확인해봐야 한다. 대포차도 상관없다고 이를 구매한다면 이미 당신도 잠재적 범죄자다.

만일 자신 명의의 차가 사채업자 등을 거쳐 대포차로 돌아다닌다면 매우 힘들어진다. 날아오는 범칙금 고지서들을 받아들고 속만 끓이게 된다. 납치·살해범들이 대포차를 이용해 원래 소유자가 수사기관에 불려다니는 등 큰 곤욕을 치른 사례도 있다.

하지만 손써볼 도리는 있다. 재판을 통해 자동차 명의를 강제로 이전시키거나 등록말소를 하는 것. 상대방의 이름과 주민등록번호를 알면 법원의 판결문을 받은 뒤 자동차등록사업소에 가서 상대방 이름으로 명의변경을 신청하면 된다. 소송과 관련해서는 변호사의 도움을 받거나 사정이 여의치 않다면 대한법률구조공단www.klac.or.kr(국번 없이 132)을 찾아 상담하는 방법도 있다.

시·군·구청을 찾아 대포차 신고를 한 뒤 공매처리하는 방법도 있다. 다만 전국의 모든 지자체가 이 제도를 운영하고 있는 것은 아니어서 별도로 민원을 제기한 뒤 문제를 풀어가야 할 수도 있다. 다소 번거롭지만 그래도 적극적으로 문제를 해결해야 한다. 간혹 대포차를 거래해놓고 문제를 해결한다며 경찰에 도난신고를 내는 경우도 있다. 하지만 차는 찾지도 못한 채 오히려 허위도난신고로 벌금을 내야 한다.

자신 명의의 차가 대포차로 돌아다닌다면 당장 자신이 피해를 입고 있는 것이지만 그로 인해 또 다른 누군가가 피해를 입을 수도 있고, 때로 그 피해가 생명과 관련된 문제일 수도 있다. 대포차를 타고 뺑소니치고 도망가면, 자동차 번호판이 노출된다 해도 찾기 힘들어진다. 과속감시카메라도 이들에겐 무용지물이다. 시

속 200km로 달리는 모습이 카메라에 찍혔다 한들 범칙금 고지서
는 차량 명의자에게 전달되고 운전자에게는 아무런 제재를 할 수
없다. 건전한 도로교통환경을 해치는 암적인 존재들이다.

주행거리가
얼마 안 돼요

"주행거리가 얼마 안 돼요. 차 상태는 보나 마나죠. 이런 매물 구하기 어렵습니다." 중고차 시장에서 한 번쯤 들어볼 수 있는 말이다. 5년쯤 된 차인데 주행거리는 2만 km 전후에 불과하다거나 30만 km도 더 달린 차인데 20만 km도 타지 않았다는 식이다. 자동차의 계기판을 조작해 실제 자동차가 주행한 거리보다 적게 표시한 뒤 비싸게 차를 파는 수법이다.

주행거리 조작은 좀처럼 근절되지 않는 중고차 시장의 해묵은 악습이다. 지난 2012년 11월에는 중고차 주행거리를 조작해 중고차를 팔아 수십억 원을 챙긴 일당이 경찰에 검거됐다. 범인들은 경매로 받은 중고차의 주행거리를 축소 조작한 뒤 422명에게 판매해 56억4000만 원을 챙겼다. 전국 24개 중고차 업체 대표와 자동차 딜러 등 71명도 같은 혐의로 불구속 입건됐다. 아직도 주행거리 조작이 광범위하게 이뤄지고 있음을 보여주는 사건이다.

아날로그 계기판이 아닌 디지털 계기판의 주행거리도 조작할 수 있을까. 대답은 예스다. 이들은 계기판을 통째로 교체하거나 폐차장 등에서 구입한 칩을 이용했다. 전자칩의 정보를 조작할 수 있는 기기를 사용해 원하는 주행거리로 바꾸는 것이다. 구형인 다이얼식 계기판은 조작이 더 쉽다. 송곳으로 주행거리를 표시하는 다이얼을 돌려 정보를 조작한다.

일반적인 자동차는 1년간 2만 km를 달린다고 보면 된다. 이를 기준으로 연식에 비해 주행거리가 너무 짧은 차들은 의심의 대상이다. 물론 주행 상황에 따라 연간 5000km도 안 달리는 차들이 있는 만큼 주행거리가 짧다고 무조건 주행거리 조작을 단정할 수는 없다. 그럴 개연성이 있다는 것이다.

차의 상태와 비교해 주행거리가 너무 짧다면 주행거리 조작을 의심해봐야 한다. 핸들과 각종 버튼들이 낡았는데 주행거리가 10만km도 안 됐다면 자연스럽지 않다. 계기판을 탈착하는 나사 부위도 포인트다. 이곳의 나사가 풀렸던 흔적이 있다면 계기판에 어떤 작업을 했다는 의미다. 고장 수리를 위해 풀었을 수도 있지만, 주행거리 조작을 위해 풀었을 수도 있다.

아날로그 숫자 다이얼로 이뤄진 계기판이라면 좀 더 확실한 증거를 잡을 수 있다. 숫자 다이얼에 송곳 자국이 남아 있다면 거의 확실한 증거다. 숫자가 정렬된 상태가 바르지 않고 삐뚤어져 있어도 그렇다. 주행거리계에 손을 댔다는 의미다.

자동차 튜닝을 한다며 계기판을 교체한 차 역시 의심해보고 주행거리를 정확히 확인해봐야 한다. 계기판을 교체하면서 원래의 주행거리를 정확하게 입력하는 경우는 많지 않아서다.

큰 사고가 있었던 차도 망가진 계기판을 교체하는 과정에서 주행거리가 정확하게 반영되지 않았을 가능성이 크다. 이 같은 부작용을 막기 위해 최근에는 계기판을 교체할 경우 자동차 검사소에 신고를 하고 교체한 뒤 다시 검사소에서 확인을 받도록 하고 있다. 하지만 이 같은 규정이 제대로 지켜지고 있는지는 의문이다.

자동차등록증, 성능점검기록부, 제조사 AS센터 등에는 해당 차량의 주행거리가 남아 있다. 일반 승용차는 최초 등록 4년 이후부터 2년마다 검사를 받아야 하는데 이때 주행거리를 함께 기록하게 된다. 등록증의 주행거리를 유심히 살펴보면 주행거리가 조작됐는지를 판단할 수도 있다.

계기판 조작은 중고차를 판매하는 딜러들이 주로 한다고 알려져 있지만 의외로 개인이 조작하는 경우도 적지 않다. 따라서 개인 간 직거래를 할 때에도 계기판 조작 여부를 신중히 살펴봐야 한다. 계기판을 조작하게 되면 사업자든 개인이든 형사처분을 받는다. 이 때문에 정식 허가를 받은 중고차 딜러들이 오히려 믿을 만하다. 형사처분을 감수하면서까지 주행거리를 조작할 이유가 크지 않다고 보기 때문이다. 허가받은 딜러를 통해 차를 구매한 뒤 계기판 조작이 밝혀지면 보상받을 수 있지만, 그렇지 않은 경우라면 피해는 고스란히 소비자의 몫으로 남는다. 잘 알지 못하

는 개인 간 거래나 무허가 업체를 통해 거래를 하지 말아야 하는
이유다.

중고차 딜러는
늘 폭리를 취한다

중고차 시장에 가보면 '고가매입 저가판매'라는 말을 쉽게 볼 수 있다. 온라인 중고차 거래 업체 등에서도 마찬가지다. 논리적으로 말이 안 된다. 그 말이 사실이라면 중고차 딜러들은 모두 자선사업가인 셈이다. 그냥 소비자들을 현혹하기 위해 관례적으로 사용하는 말이다. 설득력이 없는 공허한 메아리 같은 말이어서 이말을 그대로 믿거나 속는 소비자도 없다. 하지만 한 꺼풀 벗겨보면 해석의 여지가 있다.

중고차 가격은 팔 때와 살 때 기준이 다르다. 내가 500만 원에 업자에게 넘긴 중고차를 다른 사람이 그 가격 그대로 500만 원을 주고 살 수는 없다. 2010년식 중고차 가격이 내가 살 때는 1000만 원이지만 그 차를 내가 판다면 800~900만 원밖에 받을 수 없다. 마치 외환거래를 할 때와 같다. 내가 사는 기준가격과 파는 기준가격에 차이가 있는 것. 이른바 유통마진을 고려해 판매가격과 구매가격을 달리 정하는 것이다.

중고차 시장에서는 매입가와 판매가로 이를 구분한다. 매입가는 중고차 딜러가 차를 사들이는 가격이고, 판매가는 소비자에게 파는 가격이다. 일반적으로 딜러들은 매입가에 20~30%의 차액을 붙여 판매가격을 결정한다. 수천만 원대의 비싼 중고차라면 그 차액이 10% 안팎으로 떨어지기도 한다.

500만 원에 사들인 중고차를 600만 원에 팔았다고 그 차액 100만 원이 고스란히 중고차 딜러의 몫은 아니다. 사들인 중고차를 상품으로 만드는 과정에 비용이 들어가기 때문이다. 차를 점검해 고장 난 곳은 수리하고 수명이 다한 소모품은 교체하고 필요하면 도색과 광택 작업도 한다. 딜러가 차를 직접 매입했다면 이전등록비용도 들어가고, 팔리기 전까지 차를 세워둬야 하니 전시장 사용료도 내야 하고 나름대로 광고도 해야 한다. 매입자금을 대출받았다면 금융비용도 감안해야 한다. 생각보다 많은 비용이 들어감을 알 수 있다. 이 비용이 대략 10~15%가량 차지한다. 결국 매입가에 20~30%의 차액을 붙여 판매하면 중고차 딜러는 5~10%의 수익을 보는 셈이다.

어쨌든 많지 않은 이윤이지만 매입가보다 비싼 가격에 차를 판다는 것은 분명하다. 그런데 이조차 아닐 때가 있다. 아예 이윤을 포기하고 매입가보다 싼값에 차를 처분하는 경우도 있는 것. 차가 안 팔려 전시장 임대료만 계속 나간다면 딜러들은 손절매에 나선다. 주식시장에서 주가 하락폭이 일정 수준 이상으로 커지면 손해를 감수하고 주식을 팔아치워 더 큰 손해를 막는 것과 같은 시스템이 중고차 시장에서도 작동하는 것.

몇 백만 원짜리가 아니라 수천만 원 혹은 1억 원이 넘는 차를 매입했는데 예상대로 판매가 되지 않으면 딜러는 앉은 채로 돈을 까먹는 상황이 되니 결단을 내리는 것이다. 이런 경우 정말로 '고가매입 저가판매'라는 말이 사실일 수도 있다.

딜러들은 수동변속기 차량, 특이한 컬러의 차량, 고가 차량 등 사람들이 많이 찾지 않는 차들을 꺼린다. 매입해도 속을 썩일 확률이 높아서다. 좀더 저렴하게 차를 사려고 한다면 이처럼 딜러가 손절매에 나선 차를 찾아보는 것도 방법이다.

중고차를 팔기 전에 알아두면 좋다

내 차를 팔 때에는 가장 먼저 중고차 가격대를 알아봐야 한다. 전국자동차매매사업조합연합회 홈페이지www.carku.kr에서 해당 차종의 시세를 파악하고, 이보다 낮은 가격을 제시하는 게 유리하다. 또한 중고차 상사에 전화해 매입가와 판매가를 파악한 뒤 얼마에 내 차를 팔지를 결정한다. 판매가격은 상사의 매입가와 판매가의 중간 정도로 정한다. 거래가 성사되면 판매자는 자동차등록증, 인감증명, 자동차세 완납증명, 양도증명서(계약서) 등을 준비해야 한다. 구매자는 주민등록등본, 책임보험 영수증을 준비하도록 요청해야 한다. 준비한 서류를 들고 시청, 구청의 자동차등록과를 찾아가 명의이전을 하면 중고차 거래가 비로소 마침표를 찍게 된다.

◆ 인터넷을 통한 직거래

요즘에는 인터넷을 통한 개인 간 직거래가 늘고 있다. 주로 개인 간 직거래를 알선하는 인터넷 업체에서 이뤄지고 있지만, 중고차 거래 사이트가 아닌 취미 관련 동호회 사이트에서 이뤄지기도 한다.

직거래의 장점은 가격이다. 중고차 상사를 통해 거래하는 것보다 파는 사람이나 사는 사람이나 유리한 가격에 거래할 수 있는 것이다. 대신 어떤 사람인지 전혀 모르는 상태에서 거래해야 하기 때문에 좀더 주의를 기울여야 해서 시간과 노력이 많이 든다. 차를 팔 경우 수많은 문의 전화에 일일이 차에 대한 설명을 해줘야 하고 판매된다는 보장 없이 차를 보여주기 위해 약속하고 이동하는 수고가 따른다.

온라인에 차 정보를 올릴 때에는 가급적 자세하게 정보를 기입하고 가능한 한 차의 여러 부분을 찍어서 많은 정보를 제공하는 게 좋다. 그래야 구매자들의 시선을 붙들고, 후에 차량 상태에 대해 시비를 가리는 문제가 생길 확률이 낮다.

구매자들은 대부분의 경우 제시한 가격보다 싸게 차를 사려고 가격 협상을 시도한다. 이때를 대비해 판매자는 판매가의 마지노선을 스스로 정해둬야 협상과정에서 결정을 내릴 수 있다.

중고차 매집 딜러와 거래할 경우 계약금을 미리 받는 것은 피해야 한다. 사전에 계약금을 건넨 뒤 실제 차를 보면서 이런저런 흠을 잡으며 가격을 낮추려고 하면, 미리 받은 계약금 때문에 계약을 파기하지 못하는 경우가 생길 수 있어서다.

개인 간 직거래로 차를 판매하는 경우 판매 이후에 발생하는 문제에 관해 책임이 없음을 계약서에 적어두는 게 판매자에게는 유리하다. 또한 명의이전이 안 되는 경우를 막기 위해 등기소에 함께 가서 명의를 이전하는 게 바람직하다. 중고차 거래의 끝은 돈을 주고받을 때가 아니라 명의이전이 완료되는 시점이다. 돈을 주고 차를 사간 뒤 명의이전을 하지 않고 대포차로 유통되는 경우도 많다. 따라서 판매자는 반드시 명의이전이 완료됐는지 직접 확인해야 한다.

◆ 경매를 통한 거래

경매장을 통해서도 개인이 차를 팔 수 있다. 경매를 통해 차를 팔면 좋은 값에 팔 수 있을 뿐 아니라 명의이전 등 판매 이후 과정에 대한 걱정도 덜 수 있다. 중고차 경매는 개인이 내놓은 차를 중고차 사업자나 개인이 경매를 통해 낙찰받아 구매하는 시스템이다. 상태가 좋고 적정 가격인 차들은 응찰자들끼리 경합하며 가격이 올라가 좋은 가격에 차를 팔게 된다. 비싸게 팔고 싶은 마음에 희망가격을 높게 쓰면 응찰자들이 외면해 낙찰이 안 된다. 따라서 적정 가격을 써내는 게 경매장에서 차를 파는 포인트다.

비인기 차종은 낙찰 가능성이 낮다. 주로 특이한 색상, 수동변속기 차량, 10년 이상 된 중고차들이 비인기 차종이다.

◆ 중고차 매매상을 통한 거래

중고차 매매상을 통해 차를 파는 방법도 있다. 여기에는 중고차 딜러에게 차를 맡긴 뒤 실수요자가 나타나면 차를 넘기는 위탁판매를 하거나 중고차 딜러에게 바로 파는 방법이 있다. 위탁판매는 차가 팔린 뒤 판매 대금을 정산받고, 딜러에게 직접 차를 팔면 즉시 돈을 받을 수 있다. 가장 빠르고 확실한 방법은 딜러에게 직접 차를 파는 방법이지만 기대할 수 있는 가격은 가장 낮다고 보면 된다.

업자들만 아는 중고차 시장 은어

◆ 나까마

원래는 중간 소매업자를 이르는 일본말이다. '나까마'라는 말은 매우 폭넓게 사용되는 말이다. 중고차 매매업에 종사하는 이들을 통틀어 이렇게 부르기도 하고 무허가 업자들을 부르기도 한다. 부정적인 뉘앙스가 강한 말이다.

◆ 임판차

임시번호판을 단 차다. 일반적으로 신차는 출고 뒤 10일 이내에 차를 등록해 정식번호판을 달아야 한다. 임시번호판은 그사이에 중고차 시장으로 흘러들어온 완전 새 차다. 하지만 차량 결함이나 고객 변심으로 공장 출고 후 계약이 취소된 차이거나, 할부로 산 차를 바로 팔아 찻값을 챙기고, 할부금과 찻값은 고스란히 구매자에게 떠맡길 목적으로 중고차 시장으로 흘러온 새 차일 수도 있다. 임판차는 좋은 차를 싸게 살 수 있는 기회일 수 있지만 엉뚱한 피해를 당할 수도 있는 만큼 주의해야 한다.

◆ 삼박자

보닛과 좌우 펜더를 교환한 차를 말한다. 사고차에서 가장 흔하게 볼 수 있는 유형이어서 '삼박자'라는 말로 표현한다. 차의 성능에 큰 영향을 미치지 않는 부분이어서 무사고차에 비해 싸게 살 수 있는 이점이 있다. 반대로 삼박자 사고를 당했으면서도 보험처리를 하지 않고 자비 처리를 한 뒤 무사고차로 파는 경우가 있다. 무사고차라고 해도 삼박 자 차가 아닌지 살펴봐야 한다.

◆ 각자, 역각자

자동차의 연식과 실제 등록한 해가 다를 때 각자차와 역각자차라고 부른다. 2014년식인데 2013년에 등록된 차는 '2014년 각자차', 2012년식 이지만 2013년에 등록한 차는 '역각자차'인 것. 따라서 각자차는 최신 형으로, 역각자차는 재고차로 이해하면 된다.

◆ 대차 거래

타던 차를 팔고 새로운 중고차를 구입하는 것을 말한다. 사고파는 두 번의 거래를 한 번에 하므로 딜러와 소비자 모두 나쁠 게 없는 거래 방식이다. 대차 거래를 하면 추가 할인을 기대할 수도 있는 이유다.

◆ 무빵

무사고차임을 강조하기 위해 하는 말이다. 단 한 번의 사고도, 수리도 없다는 의미로 사용된다. 그만큼 상태가 좋은 차임을 강조하는 말이다. 업자들 사이에서는 "모기 한 방 안 물렸다"고 말하기도 한다.

3장
자동차보험에 관한

거짓말

고객의 이익을
최우선으로 하겠습니다

"항상 고객의 입장에서 최선을 다하겠습니다.""고객의 이익을 최우선으로 하겠습니다." 자동차보험사들이 애용하는 말이다. 하지만 고객과 금전적 보상을 두고 대립하는 상황에 고객의 입장에서 최선을 다하기 위해 자신의 이익을 포기하는 보험사는 없다.

때로 보험사는 힘없는 개인을 상대로 야비한 면모를 드러내기도 한다. 사고보상처리와 관련해 소송과 압류 등의 수단을 동원해 사고 관계자들을 압박하는 건 예사다. 지금도 법정에서는 자동차보험사와 사고 관계자들 간의 소송이 줄을 잇고 있다.

어떤 판사가 재판 도중 "우리가 보험회사의 수금 대리인이냐" 라며 핀잔을 주었다는 일화도 있다. 보험사들이 소송을 거는 이유는 소송을 통해 문제를 해결하기 위함도 있지만, 그 이면에는 소송을 통해 상대방을 압박해 원하는 결과를 얻으려는 의도도 있다. 이를 모를 리 없는 판사들이 "수금 대리인" 운운하며 불평을 하는 것이다. 오죽하면 그랬을까.

여기 보험사의 횡포를 보여주는 좋은 사례가 있다. 조금 세월이 지난 얘기지만 소개한다.

제주도에 사는 그는 2001년 한 보험사로부터 구상금청구소송(다른 사람을 대신하여 채무를 변제한 사람이 원채무자에게 변제금 반환을 청구하는 소송)을 당했다. 5년 전 있었던 교통사고 때문이었다. 1996년 10월, 커브 길에서 덤프트럭이 중앙선을 침범해 대형 관광버스와 충돌사고가 났다. 버스 뒤에서 경차 다마스 밴을 몰고 가던 그는 사고를 당해 갑자기 멈춘 버스와 가볍게 부딪히고 말았다. 다치지도 않았고 차도 별 피해가 없었을 정도로 2차 사고는 경미했다. 그는 사고 현장에서 사고 수습을 도왔고 2차 사고와 관련해서는 버스 회사와 80만 원에 합의한 뒤 검찰로부터는 공소권없음 처분을 받았다.

그로부터 5년이 지나 버스 회사의 보험사로부터 뜬금없는 구상금청구소송이 들어왔다. 1차 사고 당사자들을 통해서는 구상권을 청구해봐야 제대로 보상받지 못할 것이라 판단한 보험사가 그를 끌어들인 것이다. 보험사는 "이 교통사고의 책임이 중앙선을 침범한 덤프트럭과 다마스에 절반씩 있으니 4600만 원을 달라"고 주장했다.

보험사는 그와 그의 아내, 두 아들이 단란한 삶을 꾸리는 17평

연립주택과 월급을 압류했다. 월급까지 압류당한 그를 직장에서는 문제 있는 직원으로 보기도 했다. 신경쇠약 증세까지 찾아왔다. 생활은 힘들어졌고 삶은 피폐해졌다.

전재산인 집을 빼앗길 위험에 처한 그는 사력을 다해 소송에 나섰다. 자신의 잘못이 없음을 항변하고 상식에 반하는 주장임을 지적하며 합의를 거부하고 재판에 임했다. 인터넷 홈페이지도 개설해 네티즌들에 부당함을 호소했다. 다행히 법은 그의 손을 들어줬다. 1년 2개월에 걸친 소송은 1심과 2심 모두 그의 승리였다.

극적인 반전은 그다음이다. 그가 보험사를 상대로 위자료청구 소송을 낸 것. 변호사조차 승소 가능성이 없다며 만류했지만 그는 힘없는 서민들을 상대로 부당한 소송을 남발하는 보험사를 용서할 수 없다며 소송을 진행했다. 이 소식을 전해들은 네티즌 100여 명이 1만 원씩 거둬 소송비용을 지원했다. 이들 두고 언론에서는 '모래알 소송'이라는 이름을 붙였다.

놀랍게도 그는 이 소송에서도 승소해 "보험사가 위자료 200만 원 등 모두 245만 원을 지급하라"는 판결을 이끌어냈다. 두 번의 재판에서 모두 이긴 것. 힘없는 개인이 거대 보험사를 상대로 한 이기기 힘든 소송에서 두 차례 모두 이긴 것이다. 이 사례는 당시 KBS와 MBC 메인 뉴스에 전파를 타는 등 크게 다뤄졌다. 그만큼 드문 케이스였기 때문이다. 그는 당시 위자료로 받은 금액 전부를 교통사고 피해자 가족을 돕는 데 기부했다.

이 사연은 내 가족의 이야기로, 그는 내 누이동생의 남편이다. 결과적으로 소송에서 이겼으니 다행이지만 소송을 진행하는 과정에서의 고생은 이루 말할 수 없었다. 도와주지 못해 미안한 마음과 보험사의 부당한 행태에 함께 치를 떨며 지켜봤던 기억이 새롭다. 지금도 많은 사람들은 보험사를 상대로 힘겨운 싸움을 이어가고 있다. 내 동생 부부의 사례가 억울한 그들에게 힘을 줬으면 좋겠다.

보험금은
약관대로 지급합니다

교통사고가 나면 보험약관대로 보험금을 지급받을 수 있을까. 일
부 보험사들은 재판을 통해 약관에서 정한 보험사의 의무를 피해
가기도 한다. 이른바 채무부존재확인소송을 통한 약관 무력화 작
업이다. 쉽게 말해 보험사에서 보험금을 지급할 의무가 없음을
주장하는 것이다.

경기도 안양에 거주하는 A씨는 2010년 12월 1일 저녁 9시경 경
기도 군포시 금정동 앞 횡단보도에서 오토바이를 타고 신호가 끝
날 무렵에 무단횡단을 하다가 이를 살피지 않고 진행하는 개인택
시에 받히는 사고를 당했다. 사고 당시에는 개인택시공제조합(이
하 공제조합)이 치료비 지불보증을 해줬지만 치료비가 커지자, 피

해자 과실이 100%라며 채무부존재확인소송을 걸었다. 법원은 A씨의 과실이 80%라고 판결했고 공제조합은 자동차보험약관에 따라 치료비 전액을 지급하기는커녕 초과된 책임보험금액을 반환하라며 오히려 연립주택을 가압류했다. A씨는 경매를 면하기 위해 할 수 없이 연체이자까지 포함하여 1332만 원을 공제조합에 반납하고 말았다. A씨의 경우 약관에 따르면 치료비 5600만 원 전액을 지급받아야 했지만, 민사소송을 통해서 2000만 원만 보상을 받게 된 것이다.

경북 구미에 사는 B씨는 2012년 11월 16일 밤 10시경 구미시 선기동에서 불법주차된 차와의 충돌로 중상을 당했다. 보험사는 책임보험의 한도까지만 치료비를 보상하고 종합보험에 대해서는 채무부존재확인소송을 제기했다.

앞의 두 사례는 금융소비자연맹이 지난 2013년 4월 발표한 사례다. 공제조합과 일부 손해보험사들이 과실이 많은 교통사고 피해자에게 병원 치료비 지급을 보증해주지 않고 차일피일 미루다가 민사소송을 제기하는 횡포를 부리고 있다는 게 연맹의 지적이다. 교통사고 치료비를 전액 지급하도록 하는 '자동차보험약관'을 피해서, 치료비가 적게 들어가는 '민법'의 과실비율에 따른 보상을 하는 '소송'을 택해 교통사고 피해자를 두 번 울리고 있다는 것이다.

다시 말해, 공제조합과 보험사들은 자동차 사고 시 피해자의 과실이 아무리 많아도, 치료비 전액을 보상을 하도록 자동차보험약관에 정해져 있음에도 불구하고, 중상을 입은 피해자 과실이

100%이므로 '보상할 수 없다'라며 약관을 피해가는 등 보상금액을 줄이기 위해 민사소송을 제기한다. 즉 재판을 통해 치료비 전액 지급의 의무를 다하지 않는 것이다.

금융소비자연맹 교통사고피해자구호센터 관계자는 "공제조합이나 보험사가 치료비를 전액 보상해야 됨에도 불구하고, 소비자가 잘 모른다고 소송으로 피해자를 압박하는 것은 공익적 기능을 무시한 야비한 꼼수와 횡포이며, 정부의 관련 부처는 이러한 횡포가 발생하지 않도록 관리를 철저히 하여 억울한 피해사례가 발생하지 않도록 해야 할 것"이라고 밝혔다. 교통사고 보험처리와 관련해 억울한 피해자는 금융소비자연맹 홈페이지www.kfco.org를 방문하거나, 전화1577-0095로 신청하면 교통사고피해자구호센터의 도움을 받을 수 있다.

손해율이 낮은
보험사가 믿을 만합니다

자동차보험을 가입할 때 여러 가지를 고려하라는 얘기들을 많이
한다. 그중 손해율이 낮은 보험사는 경영이 안정돼 믿을 만하다
는 의미다. 보험 상담원들도 이런 얘기를 하는 경우가 있지만, 틀
린 말이다.

　손해율은 보험사의 입장에서 손해를 입은 비율을 말한다. 즉
가입고객들에게서 받은 보험료에 대한 지급 보험금의 비율이다.
보험료는 소비자가 보험사에 내는 돈이고, 보험금은 사고가 발생
했을 때 보험처리를 위해 보험사가 지불하는 돈이다.

　운전자들에게서 100만 원의 보험료를 받았고 그중 80만 원을
보험금으로 지급했다면 손해율은 80%가 된다. 손해율이 100%를

넘기면 보험료로 받은 돈보다 보험금으로 지급한 돈이 더 많다는 얘기다. 일반적으로 보험사들이 손익분기점으로 보는 손해율은 77%다. 이보다 높으면 적자라는 말이다. 유난히 잦은 폭설로 교통사고가 크게 늘었던 2012년 겨울이 지나면서 많은 보험사들이 손해율 100% 넘겨 울상을 짓기도 했다.

그렇다면 소비자 입장에서는 손해율이 높은 보험사가 좋을까 아니면 그 반대일까. '손해율이 낮은 보험사는 경영을 잘해 재정적으로 안정됐다고 볼 수 있지 않을까' '안정적인 회사로 볼 수 있는 만큼 소비자에게도 좋지 않을까' 하고 생각할 수 있다. 이게 바로 손해율의 함정이다. 손해율이 낮다는 말은 보험료를 많이 거둬들여 보험금을 적게 지급했다는 말이다. 보험료를 많이 내고 보험금은 적게 타는 것을 자신에게 이익이라고 생각하는 사람은 없을 것이다.

보험사들은 손해율을 낮추기 위해 갖은 노력을 다 한다. 그중 하나가 보험료를 비싸게 받는 것이다. 손해율을 낮추기 위해 보험가입자를 가려서 받기도 한다. 사고 경력이 있는 운전자의 보험 가입을 거절하거나, 수입차나 스포츠카 운전자의 가입을 거부하기도 한다. 이런 운전자들은 잠재적으로 사고를 내거나 많은 보험금이 필요할 가능성이 높다고 보고 보험 가입을 거부해 손해율을 낮추겠다는 의미다. 돈이 덜 들어갈 운전자들만을 고객으로 확보하겠다는 얄팍한 상술이다. 덕분에 일부 운전자들은 가입할 보험사를 찾지 못해 고역을 치르기도 한다.

사고 당사자들의 병원비, 차를 수리하는 정비 비용을 적정수준

이하로 지급해 손해율을 줄이기도 한다. 보험금 지급을 적게 해야 손해율을 낮출 수 있어서다.

보험을 가입해야 하는 소비자 입장에서는 손해율이 낮은 회사라면 다시 한 번 생각해봐야 하는 이유다. 회사 입장에서야 손해율이 낮은 게 무조건 좋지만, 소비자에게는 그 반대일 수 있다. 사고가 났을 때 보험금 지급이 까다롭다면 소비자에겐 손해이기 때문이다.

소비자 입장이라면 사고가 났을 때 보험금 지급이 제때 적정수준에서 이뤄지는 회사를 택하는 게 좋다. 손해율이 낮은 회사보다 높은 회사가 그런 회사일 가능성이 조금 더 높다. 그렇다고 손해율이 아주 높은 회사가 좋다고 보기도 어렵다. 회사 운영이 방만하거나, 사고 관리를 제대로 하지 못해 보험사기를 당했다는 추론이 가능하기 때문이다.

개인적으로 손해율이라는 말이 마음에 들지 않는다. 보험금으로 지급하는 돈을 '손해'로 본다는 얘기여서다. 즉 지급하지 않으면 보험사의 이익으로 돌아갈 돈이라는 생각이 깔려 있는 말이다. 보험사들의 인식이 가장 노골적으로, 어쩌면 정직하게 표현된 말이라는 생각도 든다. 손해율이라는 말 대신 '보험금 지급 비율' 정도의 표현으로 바꿔야 한다. 그래야 보험금 지급은 곧 보험사의 손해라는 인식도 개선될 것이다.

자동차보험은 공적인 측면이 매우 강한 분야다. 1900만 대의 자동차가 거리를 달리고 있고, 2.7명당 차 1대가 보급됐을 정도다. 누구나 교통사고의 위험이 있고 자동차보험과 관련되어 있다고 봐야 한다. 그런 면에서 자동차보험은 일종의 사회보장보험과 다를 바 없는 공적인 역할을 맡는다. 사회를 유지하는 데 꼭 필요한, 공적 기능이 강한 자동차보험을 영리를 추구할 수밖에 없는 사기업들이 책임지고 있는 것은 다시 생각해봐야 할 문제다.

보험사 선택할 때
지급기준, 지급여력, 긴급출동을 따져보세요

자동차보험에 가입하는 운전자들은 대부분 비교견적을 뽑아본 뒤 보험료가 저렴한 곳을 택한다. 이와 상관없이 지인을 통해 가입하거나 거래하던 업체를 계속 택하는 이들도 물론 많다. 보험사를 택할 때 이러저러한 사항들을 고려하라는 말들이 있다. 대부분 크게 중요하지 않은 내용들이다.

그중 하나가 보험금 지급기준을 따져보라는 얘기다. 그럴듯한 말이지만 별로 효과적이지 않다. 각 보험사의 보험금 지급기준을 소비자가 일일이 챙겨보기는 불가능하다. 또한 보험금을 지급하는 기준은 모든 보험사가 정해진 보험약관에 따르기 때문에 보험사별로 크게 다르지 않다.

교통사고로 범퍼와 펜더를 교체해야 하고 탑승객이 전치 4주의 상해를 입었다면, 모든 보험사가 이를 기준으로 보험금을 지급한다. 사고 보상 측면에서 볼 때 모든 보험사가 동일한 기준으로 동일하게 보상한다고 보면 된다.

　지급여력비율을 따져보라는 얘기도 마찬가지다. 지급여력비율이란 보험에 가입한 모든 사람들이 일시에 가입을 해지하는 경우 그 돈을 지급할 수 있는 여력이 있는지를 보여주는 지표다. 적어도 자동차보험에서는 아무 의미가 없는 수치다. 자동차보험은 의무보험이기 때문에 모든 운전자들이 일시에 보험을 해지하는 일은 일어날 수 없다. 생명보험의 경우라면 금융대란, 천재지변, 전쟁 등의 이유로 이 같은 시나리오가 가능할지 모르지만 자동차보험은 그럴 수 없는 구조다.

　더구나 국내 자동차보험사들은 전부가 지급여력비율이 100% 이상이다. 지급여력이 그만큼 탄탄하다는 것이다. 지급여력비율이 100%를 넘으면 100%나 200%나 큰 차이는 없다. 하지만 그 회사의 경영상태, 현금 자산 등을 가늠할 수 있는 수치이니 참고하는 정도로 활용하면 된다.

　긴급출동 역시 마찬가지다. 보험사별로 큰 차이가 없다. 보험사에서 제공하는 긴급출동서비스는 자체적으로 운영하는 게 아니라 위탁계약을 맺은 외부업체가 맡아서 한다. 전국의 카센터나 견인업체들이 제각각 보험사와 계약을 맺어 긴급출동서비스를 제공한다. 따라서 어느 업체가 특별히 빠르거나 느리지 않다. 긴급출동서비스 수준이 비슷하다는 말이다. 더구나 우리나라는 좁은 지역에 인구가 밀집해 있어 긴급출동서비스를 편하게 받을 수 있다. 아주 특별한 경우가 아니라면 10~20분 사이에 긴급출동 기사를 만날 수 있다.

앞에서 살펴본 지급기준, 지급여력비율, 긴급출동서비스 등은 보험사를 선택할 때 참고 사항 정도로 고려하는 게 좋다. 오히려 고려해야 할 것은 누구와 계약하는 것이 좋은지다.

자동차보험사는 사고가 났을 때 보험금 지급과 관련해 나를 도와줄 수도 있고 싸움의 상대가 될 수도 있다. 소비자 입장에서는 어떤 상황에서도 나를 도울 수 있는 존재가 필요한데 보험사는 절반의 구실밖에 못 하기 때문이다. 독립 보험대리점이 유용한 이유다. 독립 보험대리점을 통해 보험사와 계약을 맺으면 사고가 생겼을 때 자신에게 유리한 조언을 받을 수 있어 보험사보다는 낫다. 보험금을 지급해야 하는 당사자가 아니어서 소비자에게 필요한 도움을 준다. 보험사를 택할 때에는 지급기준, 지급여력비율, 긴급출동서비스를 따지기보다, 내 편이 되어줄 수 있는 독립 보험대리점을 통해 계약을 하는 게 현명한 자세라 하겠다.

같은 보장이면 저렴한
다이렉트 보험 이용하세요

다이렉트 자동차보험은 보험가입자가 보험설계사나 보험대리점을 통하지 않고, 인터넷을 통해 보험사에 직접 계약하는 방식의 자동차보험이다. 쉽게 말하면 유통과정을 줄인 것이다. 보험설계사나 대리점에 줘야 할 수수료를 주지 않아도 되는 만큼, 다이렉트 자동차보험은 대체로 보험료가 싸다고 알려져 있다. 경우에 따라 차이는 있지만 10~15% 정도 싸다는 게 다이렉트 자동차보험사들의 주장이다. 기름값도 오르고 기존 보험사들은 보험료를 지속적으로 인상하는 등 자동차와 관련한 유지비가 꾸준히 늘고 있어, 한 푼이라도 아끼려는 소비자들이 보험료가 싼 다이렉트 자동차보험으로 몰려든다는 분석이다.

손해보험업계의 통계를 보면 2012년도 다이렉트 자동차보험은 전체 시장의 27.7%, 2013년에는 세 명 중 한 명이 다이렉트 자동차보험을 택할 것으로 예상할 만큼 다이렉트 자동차보험에 가입하는 소비자들이 늘고 있다. 대형 손해보험사들을 포함해 거의 모든 손해보험사들이 다이렉트 자동차보험에 진출하고 있어서다. 보험사 입장에서도 다이렉트 자동차보험은 매력이 있다. 설계사들이 필요 없어 영업조직을 따로 관리하는 데 드는 사업비를 줄일 수 있기 때문이다. 보험사와 보험가입자 모두 경제적인 이유로 다이렉트 자동차보험을 선호하고 있는 셈이다.

하지만 다이렉트 자동차보험료가 반드시 싼 것은 아니라는 지적도 있다. 일반 자동차보험사 간의 보험료 차이도 10~20%가량 차이가 나는데, 15% 정도 저렴하다는 다이렉트 자동차보험의 비교기준이 모호하다는 것. 가장 비싼 보험사와 비교해 15% 싸다면 가장 저렴한 일반 보험사보다 다이렉트 자동차보험사의 보험료가 오히려 비싼 경우도 있을 수 있다는 지적이다. 이 때문에 다이렉트 자동차보험을 가입하려는 운전자는 반드시 일반 보험사와도 비교견적을 내볼 것을 전문가들은 권한다.

다이렉트 자동차보험의 숨겨진 불편함도 크다. 우선 가입하기가 불편하다. 인터넷을 통해 소비자가 직접 가입을 해야 하는데, 그 과정에서 모르는 용어들이 많고, 어떤 것이 자신에게 더 적절한지 조언해주는 사람이 없다. 모든 것을 스스로 선택해야 하고 그에 따르는 책임도 스스로 져야 한다.

다이렉트 자동차보험에 가입한 뒤 사고가 나면 보험설계사나 대리점이 지원하는 모든 일을 가입자가 스스로 해야 한다. 보험 사가 보상을 제대로 해주면 다행이지만, 사고 상황의 해석 여부 에 따라 의견이 맞설 경우에 보험가입자는 매우 불리한 입장에 처하게 된다. 보험사가 사고를 낸 가입자의 입장에서 적절한 보 상을 하기보다 보험사의 입장을 내세우며 자사의 이익을 우선하 면, 보험가입자 개인이 자신의 이익을 제대로 지키고 확보하기는 쉽지 않다.

반면 기존의 일반 자동차보험은 사고 후 업무처리가 수월하다. 보험을 가입한 설계사나 보험대리점의 조언을 들을 수 있고 업무 도 대행해주기 때문이다. 기존 자동차보험의 경우 보험가입자가 사고가 났다고 보험사에 통보만 해주면 나머지는 보험사가 다 알 아서 해준다고 해도 과언이 아니다. 크게 신경 쓰지 않아도 문제 를 해결하는 데 어려움이 없는 셈. 이런 이유로 다이렉트 자동차 보험의 서비스에 대한 만족도는 일반 자동차보험에 비해 낮다. 특히 사고 후 처리 과정에 대한 소비자 불만이 큰 편이다.

그뿐 아니다. 다이렉트 자동차보험은 가입하고 싶다고 해서 무 조건 받아주지도 않는다. 일반 보험사도 가입자에 따라 보험 가 입을 거부하는 경우가 있기는 하지만, 다이렉트 보험사는 더하 다. 차종, 직업, 연령 등을 따지는 데에서 더 나아가 지역에 따라 차등을 두기도 한다. 교통사고가 많이 발생하는 지역에서는 가입 을 받지 않는 식이다.

싼 보험료와 낮은 서비스 수준 사이에서 보험가입자는 고민스 럽다. 10~15% 정도의 비용 차이를 감수하고서라도 좀더 양질의 서비스를 원한다면 굳이 다이렉트 자동차보험을 택할 필요가 없다. 그러나 저렴한 보험료의 다이렉트 자동차보험을 선택할 계획이라면 좀더 세심하게 시장조사를 해볼 필요가 있다. 각 보험사에 견적을 내보는 것은 물론 인터넷 검색이나 지인들을 통해 해당 보험사에 대한 소비자 불만이 어느 정도인지를 파악해보는 것도 중요하다.

수입차 정비요금은
원래 전액 지급받을 수 없다

몇 년 전 이런 경우가 있었다. 국내 손보업계 1위 업체가 일부 수입차의 수리비용이 과다하다며 법원에 '일부채무부존재확인소송'을 제기했다. 보험사측 입장은 이랬다. 수입차의 표준 작업 시간이 국산차에 비해 지나치게 길고, 부품 가격도 턱없이 비싸다는 것이다. 이 때문에 해당 수입차에 대한 정비요금을 정비업체가 청구하는 그대로 지급할 수 없다는 것.

이에 맞서는 수입차 업체는 공임과 부품값이 높은 것은 당연하다는 논리다. 정비에 필요한 부품을 미리 해외에서 가져와 보관하고 관리하는 비용을 고려해야 한다는 것. 또한 미국과 유럽 등지에서 사용하는 견적프로그램에 의해 정확한 산출 근거를 갖고 있는 만큼 정비요금이 과하지 않음에도, 이의 지급을 거부하거나 미루는 보험사의 태도가 잘못됐다는 것이다.

문제는 소비자들이 피해를 입게 된다는 사실이다. 제때 정비를 받지 못하거나, 심지어 소비자가 직접 수리비를 지급한 뒤 이를 다시 보험사에 청구해야 하는 지경에까지 이르렀다. 소비자의 입장은 안중에 없이 자신들의 이익 챙기기에만 혈안이 된 것이다. 고래 싸움에 새우등 터지는 일이다. 수입차와 보험사 간 기싸움에 소비자들이 피해를 본 경우다.

수입차 업체들과 보험사가 정비료를 일정 수준 내리는 선에서 합의를 보면서 사태는 일단락됐지만 여전히 갈등의 불씨는 남아 있다. 여전히 수입차 수리비는 비싸다는 게 보험업계의 주장이고, 수입차 업계에서는 오히려 보험사들이 보험금을 깎거나 지급을 미루는 횡포를 부린다고 하소연한다. 서로의 이익이 상충되는 업계인 만큼 이 같은 긴장관계는 완전히 해소되기 힘들다. 이들의 갈등이 다시 불거지면 소비자들은 또다시 피해를 볼 수밖에 없다.

수리비가 비싸면 보험금 지급이 많아지고 전체적으로 보험료가 인상되는 악순환이 반복된다. 수리비를 낮추려는 보험사의 입장은 어느 정도 설득력도 있고 이해되는 대목이다. 하지만 소비자 피해를 고려하지 않고 손해율을 의식해 지급돼야 할 보험금 지급을 무작정 미루는 것도 문제다.

소비자 입장에서는 보험사 선택을 신중히 하는 게 답이다. 특정 보험사에 가입하기 위해 타고 싶은 차를 포기하는 건 합리적

이지 않기 때문이다. 사전에 보험사에 확인을 받아두거나 정비업
체와 보험금 지급과 관련해 분쟁이 있는 보험사는 피하는 게 방
법이다.

50만 원 이하는
자비처리가 유리하다

가벼운 접촉사고로 차를 수리해야 할 때 운전자는 고민에 빠진다. 이걸 내 돈 내고 고쳐야 하나, 아니면 보험처리를 해야 하나. 내 돈 들이자니 아깝고 보험처리하자니 차후에 보험료가 더 비싸지는 할증대상이 되는 게 걱정이다.

의료계의 민간요법처럼 떠도는 얘기로는 50만 원이 기준이다. 50만 원 이상이면 보험처리를 하는 게 낫고, 그 이하면 자비로 고치는 게 경제적이라는 얘기다.

아니다. 자동차보험료 체계가 복잡하게 짜여 있어 어느 정도까지 자비로 처리하는 게 좋은지를 무 자르듯 간단히 정리할 수가 없다. 운전자마다 할인·할증률이 다르고 이전에 사고가 있었는지, 있었다면 몇 건이나 있었는지에 따라 다양한 경우의 수가 나온다. 보험에 처음 가입한 운전자라면 단 한 번의 보험처리로 수년간 보험료 할증을 받게 된다. 당장 몇 십만 원 아끼려다가 수백만 원을 지불해야 하는 상황도 벌어질 수 있다. 계산을 잘해봐야 하는 이유다. 하지만 개인이 복잡한 상황을 다 감안해서 정확한 답을 구하기는 어렵다.

정답은 보험사가 알고 있다. 부담 없이 보험사에 연락해 물어보면 안내를 받을 수 있다. 보험처리를 할 경우 향후 보험료가 어떻게 오르는지에 대해서도 알려준다. 보험사가 소비자의 이익보다 자사 이익을 더 생각해 잘못된 계산을 해주면 어쩌나 하는 걱정은 하지 않아도 된다. 손익분기점 계산을 요청하면 거짓없이 알려주기 때문이다. 정 걱정된다면 보험에 가입한 보험대리점에 문의를 해도 좋다.

개인적으로는 보험처리를 권한다. 아주 사소한 비용이라면 자비처리를 마다할 이유가 없지만 사고로 인한 수리라면 가해자와 피해자를 가리고 필요에 따라 합의를 해야 하는 상황이 벌어질수 있다. 비용의 문제를 떠나 이런 복잡한 절차를 스스로 진행하는 게 무리고 번거롭다. 보험처리를 하면 이런 과정을 보험사가 알아서 처리한다. 사고가 났을 때를 대비해 보험에 가입한 것이니 사고가 났다면 보험사에 처리를 맡기는 게 순리다.

일단 보험처리를 한 뒤에 다시 생각해보니 자비처리가 낫겠다는 판단이 들 수도 있다. 이때는 보험사가 지급한 보험금을 물어주고 보험처리를 취소하면 된다. 물론 반대의 경우도 가능하다.

자비처리를 한 뒤 보험처리로 변경요청을 할 수도 있다. 이때에는 자신이 지불했던 비용을 보험사로부터 돌려받을 수 있다. 하지만 과다한 비용을 지불했다면, 그 비용 전부를 다 되돌려받을 수 없는 경우도 있다.

사람이 다쳤다면 고민할 필요가 없다. 무조건 보험처리를 해야 한다. 다치지는 않았지만 상대편 운전자나 승객이 있었다면 이 역시 보험처리를 하는 게 안전하다. 경미한 사고라 당장은 아무 이상이 없는 것처럼 보이지만 시간이 지난 뒤 통증이나 후유증을 호소하는 경우가 많아서다. 만일 보험처리를 하지 않았다면 상대편이 피해자임을 자처하며 고액의 보상금을 요구할 때 마땅히 대처할 방법이 없게 된다.

결국 자비처리는 운전자나 승객이 없이 서 있는 차와의 접촉사고가 났을 때 고민해볼 수 있는 문제다. 사람이 타고 있는 차와의 사고라면 아무리 경미해도 보험사에 연락해 도움을 청하는 게 최선이다.

10만 원 주고
끝냅시다

사고가 나면 경찰과 보험사를 불러봐야 괜히 피곤할 일만 더 생긴다고 말하는 이들이 있다. 조사를 받고 벌점과 벌금을 받을 수도 있고, 상황이 복잡해지면 자꾸 오가라 해서 귀찮아진다는 것이다. 이런 이유 때문에 간단한 사고는 현장에서 당사자끼리 해결하고, 보험사에 통보하는 정도에서 마무리하는 게 좋다는 게 그들이 주장이다.

하지만 사고 상황을 보험사 직원과 경찰에 소상히 말하면 그들이 사고 상황을 분석한 뒤 상호 간 과실비율을 정하고, 그에 따라 책임의 범위를 결정한다. 만일의 사태에 대비해 보험에 드는 만큼 보험사에 당당하게 도움을 요청하고, 내가 잘못한 만큼 책임지고, 상대방이 잘못한 만큼 책임을 묻겠다는 자세로 경찰에 신고하는 것이 옳다.

그래도 신고를 하지 않기로 했다면 사고 현장에서 책임소재를 분명하게 하는 내용을 문서로 작성해 서명을 받고 현장 사진을 찍어두자. 그렇지 않은 경우 사후에 서로 얘기가 달라지거나 보상 문제 등으로 합의가 이뤄지지 않으면 문제가 복잡해질 수 있다.

특히 경찰을 부르지 않았다가 보험사기꾼을 만나 낭패를 보는 경우도 있다. 대표적인 게 음주운전자를 노린 고의 사고다. 술집이 늘어선 유흥가에서 주로 일어난다. 골목에서 시간을 보내다 술을 마신 게 분명해 보이는 사람이 운전을 하면 그 뒤를 따라가다가 적당한 순간에 접촉사고를 내는 것. 이들은 보험처리보다는 운전자와의 합의를 요구한다. 음주운전자의 입장에서는 현장에서 합의를 보는 게 최선인 만큼 이들의 요구에 응할 수밖에 없다. 사기꾼이라는 의심이 들어도 음주운전을 했으니 경찰을 부를 수 없다.

일방통행길에 잘못 들어서 허용된 진행 방향을 거꾸로 역주행하는 차도 보험사기꾼들의 좋은 먹잇감이 된다. 주차된 차 때문에 중앙선을 넘을 수밖에 없는 곳도 사기꾼들에게는 목 좋은 곳이 된다. 불법 유턴을 하는 차도 마찬가지. 잘 달리다 갑자기 급브레이크를 밟아 추돌사고를 유도하기도 한다. 이 경우 사기꾼들은 안전거리 확보하지 않았다고 주장하게 마련이다. 명백한 위법 상황을 이용해 운전자를 압박해 합의금을 뜯어내는 수법이다.

한동안 주택가 골목길에서 차에 슬쩍 부딪힌 뒤 운전자에게 돈을 뜯어내는 이들이 많았다. 주로 고령층인 이들은 지팡이를 움직이는 차 밑에 슬쩍 집어넣어 부러뜨린 뒤 다쳤다는 핑계로 병원비를 요구하는 수법을 즐겨 썼다. 부딪히기 직전에 차가 멈췄는데도 넘어져 엄살을 부리다 무슨 이유에서인지 도중에 벌떡 일어나 달려서 도망가버리는 모습이 블랙박스에 찍혀 인터넷에 올라온 적도 있다.

일단 이들과 마주친다면 판단을 잘해야 한다. 그냥 몇 푼 쥐여주고 상황을 마무리할 수 있다면 나쁘지 않은 방법이다. 하지만 상황이 심각하다거나, 요구하는 금액이 많다면 경찰과 보험사에 사고 신고를 하는 게 낫다. 사기꾼들은 경찰과 보험사를 마주하는 상황은 피하게 마련이다. 적당한 선에서 돈을 뜯어내고 자리를 뜨려 하는 것. 경찰을 부르는 게 이들에겐 심각한 압박이 될 수 있다. 경찰이 오면 사고 상황을 소상히 진술하고 사기꾼들이 아닌지 의심된다는 의견을 강하게 제기한다.

사고 신고를 할 경우 내 잘못에 대한 대가는 치러야 한다. 교통법규 위반에 대한 범칙금 등을 감수해야 하는 것. 하지만 이로 인해 사기꾼들을 잡을 수 있다면 더 많은 피해를 막는다고 생각하고 사고 신고를 접수하는 게 좋다. 사소한 잘못에 대한 대가를 떳떳하게 치르고 부당한 거래를 하지 않겠다는 생각이 중요하다. 어차피 내가 어느 정도 금전적인 피해를 봐야 한다면 그 돈을 사기꾼들에게 줄 것인지, 벌금으로 나라에 낼 것인지를 생각해보라는 것이다.

보험사도 도움이 된다. 사고 현장에 나오는 보상담당 직원에게 상황을 전달하고 조언을 구하면 된다. 보험사가 사고를 조사하는 과정에서 상대편의 사기경력이 확인된다면 피해를 줄일 수 있다.

2013년 4월 상습적으로 교통사고를 낸 뒤 보험금을 챙긴 보험 사기꾼들의 얘기가 뉴스에 보도됐다. 최근 5년간 상습적으로 교통사고를 낸 뒤 보험금을 챙긴 보험사기혐의자가 374명이고 이들이 챙긴 보험금이 무려 123억 원이라는 내용이다. 110차례나 사고를 일으켜 1억4000만 원을 챙긴 남성도 있었다. 일찍 누군가가 경찰에 사고 신고를 해서 제대로 조사가 이뤄졌다면, 한 사람이 110차례나 사기를 치기란 불가능했을 것이다. 이렇게 피해를 키운 데에는 유야무야 넘어간 운전자들도 일조를 한 셈이다. 찜찜하면 경찰을 부르자. 그게 깨끗하게 상황을 정리할 수 있는 최선의 방법이다.

보험료 저렴하게 내는 법

◆ 부모 명의로 등록하자

20대인 자녀 명의로 차를 등록했다면 50대인 부모 명의로 등록했을 때에 비해 보험료가 많게는 3배 이상 차이날 것을 각오해야 한다. 자동차보험사들은 운전 경력이 짧은 운전자일수록 사고를 일으킬 확률이 높다고 생각하기 때문. 이런 경우 보험 가입경력이 있는 부모 명의로 등록하고 가족운전자 한정운전 특약을 이용해 자녀를 포함시키는 것이 훨씬 경제적이다.

◆ 비교견적을 뽑자

보험에 가입하기 전 인터넷에서 보험료 비교견적서비스를 하는 업체들 찾아 비교견적을 뽑아라. 가장 비싼 업체와 저렴한 업체 간 보험료 차이는 작게는 10여만 원, 크게는 그 이상 나는 것을 알 수 있을 것이다. 비교견적 한 번으로 20~30만 원을 아낄 수 있는데 마다할 이유는 없다.

◆ 운전자 수를 한정하자

운전자가 한 명인 경우보다 두 명인 경우 사고 위험이 더 커지고, 보상해야 할 대상도 넓어지게 마련이어서 보험료는 더 비싸진다. 그렇다고 실제 운전해야 하는 사람을 제외하면 사고가 났을 때 피해보상을 받지 못하는 낭패를 볼 수도 있으니 무작정 줄이는 건 현명하지 않은 방법이다. 다만 일반 가정에서 '누구나'로 범위를 지정할 필요는 없다.

◆ 내 차 안전장치를 알려주자

차에 안전장치가 있다면 보험료를 할인받을 수 있다. 대표적으로 운전
석에만 에어백이 있는 경우 자기신체사고 보험료 10%, 조수석에도 있
으면 20% 할인해준다. 브레이크 잠김을 막아주는 ABS가 장착됐다면
2~3%, 블랙박스가 있는 경우 전체 보험료의 3~5% 할인받을 수 있
다. 다만 블랙박스에 사고영상기록이 되지 않았다면 할인받은 금액을
되돌려줘야 하고, 일부 보험사는 블랙박스를 할인 내역에 포함하지 않
는다. 드문 경우지만 고가의 블랙박스는 차량가액에 포함돼 자차보험
료를 상승시키기도 한다.

◆ 보험료는 분납하지 말자

보험료 분납은 얼핏 부담을 덜 수 있을 것 같지만, 1회차 분납액이 전
체의 70%가량을 차지하며, 부담해야 하는 총액에 이자가 붙는 등 불
합리한 측면이 많다. 분납을 이용해야 하는 처지라면 신용카드 무이자
할부를 이용해 결제하는 게 낫다.

◆ 평소 안전운전을 하자

보험에서는 모든 게 돈으로 직결된다. 과속, 차선위반, 신호위반 등으
로 딱지를 끊고 벌점 받은 게 누적이 되면 보험료는 할증된다. 심한 경
우 가입을 거절당하기도 한다. 따라서 평소 운전자는 벌점 관리에 신
경을 쓰고, 안전운전을 해야 한다는 사실을 명심하자.

미리 챙겨보는 보험 특약

자동차보험에 가입하기 전 자신의 운전 패턴과 환경을 잘 살펴보고 여기에 맞는 자동차보험 특별약관을 활용하면 훨씬 유리하다. 자신이 주로 운전하는 시간대는 언제인지, 업무용인지, 출퇴근용인지, 다른 운전자는 없는지, 운전자의 나이는 어떤지, 자동차 요일제 운행을 하는지 등을 살펴보고 이에 맞는 특별약관을 추가하면 보험료가 할인되거나 사고가 났을 때 더 많은 보상을 받을 수 있다.

특약에 가입하면 가입 대상자 이외의 운전자가 운행 중 발생한 사고에 대해서는 보험금 지급이 거절된다. 다만 차를 도난당하면 그 기간 발생한 사고에 대해서는 보통약관의 기준에 따라 보험금이 지급된다.

◆ 운전자 한정운전 특약

차를 운전하는 사람이 단 한 명뿐이라면 기명보험자 1인 한정운전 특약에 가입하면 된다. 부부가 운전한다면 부부운전자 한정운전 특약을 선택한다. 가족 내에서 3인까지 운전자를 지정할 수 있는 특약도 있고 가족 전체를 대상으로 하는 가족운전자 한정운전 특약도 있다. 가족운전자 한정운전 특약에 가입할 경우 가족은 보험가입자의 부모, 배우자의 부모, 배우자, 자녀, 며느리, 사위 등이 포함된다. 가족 이외의 사람도 1인을 지정해 보험에 가입할 수 있는 지정 1인 한정운전 특약도 있다.

◆ 연령한정 특약

운전자의 나이에 따라 구분되는 특약도 있다. 이를 이용하면 21세 이상 한정운전 특약부터 48세 이상 특약까지 나이를 세분해 가입할 수 있다. 이때 나이 기준은 피보험자로 가입하는 운전자뿐 아니라 모든 운전자에 해당한다. 예를 들어 48세와 45세인 부부가 보험에 가입하는 경우라면 43세 이상 한정운전 특약을 선택해야 한다.

가족운전자 한정운전 특약에 가입했다고 해도 운전자 연령한정 특약에 함께 가입했다면 기준 연령에 미달한 운전자가 운행하다 발생한 사고에 대해서는 보험금이 지급되지 않는다. 때문에 가족 한정운전 특약에 가입할 때에는 운전자 연령한정 특약에 가입할 때 기준 연령을 잘 판단해서 가입해야 한다.

◆ 승용차 요일제 특약

월화수목금 중 하루를 정해 차를 운행하지 않으면 사후에 이를 확인하는 과정을 거쳐 보험금의 8.7% 정도를 환급받는 것. 이를 활용하기 위해서는 자동차의 OBD 단자에 차량 운행정보 확인장치를 개인비용으로 구입해 장착해야 한다. 차종에 따라서는 이를 부착할 수 없는 차도 있으니 사전에 확인해야 한다. 보험 기간이 만료되면 차에 부착된 운행정보 확인장치의 기록을 보험사에 전달하고 보험사는 이를 확인한 뒤 보험료 일부를 되돌려주는 구조다.

운행을 하지 않기로 정한 날에는 오전 7시부터 오후 10시까지 차를 운행하지 말아야 한다. 부득이하게 운행해야 하는 경우를 감안해 3차례까지는 운행해도 되지만 그 이상 차를 운행하거나 쉬기로 한 날에 운행하다 사고가 나면 보험 갱신시에 특별할증이 적용된다. 약정한 날이 법정 공휴일인 경우에는 차를 운행해도 된다.

요일제를 제대로 지킬 수 있을지 잘 판단해보고 가입해야 하고 일단 가입했다면 정확하게 요일제를 준수해야 한다.

이 밖에도 차의 운행 시간대에 따라 주말 보상, 평일 보상, 낮시간, 심 야시간 등 특정 시간대의 보상을 강화해주는 특약이 있고 대중교통이 나 여가활동 중의 피해까지 보상해주는 특약 등 아주 다양한 특약이 있다. 따라서 자동차보험에 가입하기 전에 설계사나 대리점에 상담을 요청해 자신의 운행 패턴과 환경에 적합한 특약을 알아본 뒤 가입을 결정하는 게 좋다.

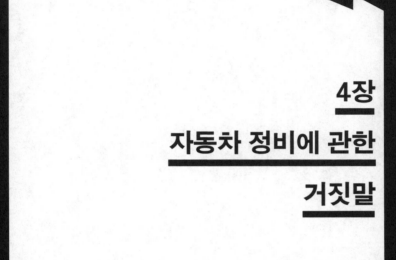

4장

자동차 정비에 관한

거짓말

배터리 바꾸는 김에
발전기도 교체하세요

차의 각 부분에 전기신호를 보내줘야 자동차는 제대로 움직인다. 엔진은 물론 오디오, 핸들, ECU 등 모든 부분이 전기가 없으면 정상 작동이 불가능하다. 신경이 마비된 사람이 제대로 움직이지 못하는 것과 같은 이치다.

전기와 관련한 중요한 부품이 바로 발전기와 배터리다. '알터네이터alternater'라고도 부르는 발전기는 엔진의 힘을 이용해 전기를 만들어 필요한 곳으로 보내준다. 배터리는 전기를 저장해두고 시동을 걸거나, 엔진 시동이 꺼진 상태에서 필요한 전기장치를 사용할 때 필요한 전력을 공급한다. 엔진이 움직이는 동안은 배터리에서 전기가 공급되는 게 아니라 발전기가 직접 차에 전기를 공급한다. 시동이 걸린 상태에서 배터리는 남는 전력을 받아 보관할 뿐이다. 일단 시동이 걸린 뒤에는 발전기가 있기 때문에 배터리가 없어도 차는 달릴 수 있다. 다만 급격한 전력의 변화가 발생할 때 부족한 전력을 보상해줘야 하므로 배터리를 제거하고 운행하는 것은 위험하다.

배터리는 일정 시간이 지나면 성능이 떨어져 교체해줘야 하는 소모성 부품이다. 특히 겨울철에 배터리 성능이 크게 떨어진다. 기온이 뚝 떨어지는 영하의 날씨에 시동불량을 호소하는 긴급출동서비스 요청이 급증하는 이유다. 이 때문에 일부 제조사에서는 배터리를 부직포 등으로 감싸 보온성을 높이기도 한다. 어느 정도 효과가 있는 대책이다.

만일 배터리를 사용한 지 오래됐고 시동 걸 때 시원치 않거나 방전되는 경우가 생겼다면 전기장치 중 배터리 방전전류, 배터리 출력전류, 배터리 충전전류, 발전기 출력전류 등을 점검해보고 필요하다면 교체하는 게 좋다. 추위가 닥칠 때마다 시동불량이 반복되는 경우도 마찬가지다.

배터리가 이상해 카센터를 찾아갔을 때 발전기가 고장 나 발전기와 배터리를 함께 교체해야 한다고 얘기할 수 있다. 이때에는 발전기 전압과 전류를 체크해보면 고장 여부를 알 수 있다. "발전기 전압 한번 볼까요?" 가볍게 말한 뒤 정비사와 함께 발전기 전압과 전류를 테스트해보면 교체해야 할지 그냥 써도 될지를 알 수 있다.

가솔린엔진이라면 13~15V 사이에 전압이 나오면 정상이다.

이보다 높으면 과전압으로 전기장치에 이상이 생기는 원인이 되고 이보다 낮으면 배터리에 충전이 안 된다.

만일 배터리와 발전기를 교체했다면 정상제품인지 확인해볼 필요가 있다. 다른 차에서 떼어낸 부품을 다시 다른 고객에게 제공하는 경우도 있어서다. 이런 가능성을 막기 위해 교체한 배터리와 발전기를 반드시 회수할 것을 권하는 전문가도 있다. 하지만 이를 소비자가 회수해도 문제다. 발전기는 그렇다 해도 배터리는 환경오염을 야기하는 독극물이 들어 있는 제품으로, 그냥 버리면 안 된다. 따라서 일반 소비자가 이를 회수하는 것은 대책 없는 일이다. 제대로 교체됐는지 확인하는 선에서 마무리하는 게 최선이다.

배터리를 교체할 때 정해진 규격의 배터리보다 큰 용량의 배터리를 사용할 것을 권하는 경우도 있다. 굳이 이를 따를 필요는 없다. 앞서 말했듯, 배터리가 필요한 상황은 시동을 걸 때뿐이다. 굳이 더 있다면 시동이 꺼져 있는 상태에서 오디오를 듣거나 실내등을 켜는 정도다. 용량이 큰 배터리를 사용하면 커진 용량만큼 더 많은 전기를 만들어 충전해야 해 발전기만 혹사시키는 결과를 빚는다.

물론 대용량 배터리가 필요한 경우도 있다. 차에 전기장치를 많이 부착해 필요한 전력이 많다면 대용량 배터리가 도움이 된다. 또 저온시동성이 우수해 겨울철이나 추운 지방에서도 많은 도움이 될 수 있다. 이러한 경우를 제외하면 굳이 대용량 배터리를 사용할 이유는 없다.

시끄러운 벨트
아예 싹 갈아버리자구요

차가 나이를 먹다보면 여러 이상 증상을 보이게 마련이다. 그중 하나가 벨트 장력 이상으로 인한 소음이다. 팽팽해야 할 벨트가 느슨하게 늘어지면, 시동을 걸거나 핸들을 돌릴 때 엔진룸에서 '찌익' 하는 날카로운 소리가 난다. 팬벨트fan belt 장력이 느슨해져서 헛도는 과정에서 생기는 마찰음이다. 팬벨트 장력에 이상이 있으면 새 차에서도 같은 현상이 나타난다.

　팬벨트 장력조절은 그리 어렵거나 복잡하지 않은 간단한 작업이지만 일부 정비사들은 아예 벨트 전체를 교체할 것을 권하기도 한다. 각종 벨트들은 주기적으로 교체해줘야 한다는 설명이 더해지면 그 말이 맞는 것 같기도 하다. 하지만 꼭 그렇지 않다.

엔진룸 안에는 엔진 안의 타이밍벨트timing belt, 엔진 밖의 팬벨트 등이 있다. 벨트 교체는 팬벨트와 타이밍벨트로 구분해서 판단해야 한다. 타이밍벨트는 주기적으로 교환해주는 게 바람직하다. 그러나 팬벨트는 너무 낡아 끊어질 위험이 있는 경우가 아니라면 교체보다는 느슨해진 벨트를 당겨주는 장력조절 정도로 대응하는 게 효과적이다.

대개 다른 고장으로 정비를 받은 경우 팬벨트 장력조절을 서비스 차원에서 해준다. 문제는 팬벨트만 조절해야 할 경우다. 이 때는 팬벨트 교체를 해야 한다는 처방을 받을 수 있다. 팬벨트 장력조절해봐야 돈을 받기가 힘드니 아예 통째로 교체를 권하는 것이다.

가장 좋은 방법은 정비업체에 갈 일이 있을 때 그냥 지나가는 말로 "벨트 장력도 한번 봐주세요" 하고 부탁하거나 각 제조사에서 추석이나 설, 휴가철 등에 실시하는 무상점검 기간을 이용해 차를 점검받고 벨트 장력도 조절받는 것이다.

팬벨트가 끊어지면 스타킹으로 대신 임시처방을 하라는 말도 있지만 허무맹랑한 얘기다. 현실적으로 절대 불가능하다. 평소에 보닛 한번 제대로 열어보지 않은 사람이 들은 얘기는 있어서 스타킹을 들고 수선을 피워봐도 상황을 해결할 수 있는 가능성은 제로다. 정비소를 찾거나 보험회사의 긴급출동서비스를 이용해 차를 수리하는 게 효과적이다.

팬벨트만큼 타이밍벨트도 중요하다. 타이밍벨트는 팬벨트와 달리 반드시 교체가 필요한 벨트다. 자동차 제조사에서는 주행거리 7~8만 km 전후로 타이밍벨트를 교체하는 것을 권한다. 늦어도 10만 km에서는 정밀점검을 하고 교체 여부를 판단해야 한다.

타이밍벨트를 교체하라는 처방을 받았다면 가급적 따르는 게 좋다. 정비업소를 한 곳만 가지 말고 한두 군데 더 가서 처방을 받아보면 확실한 판단을 내리는 데 도움이 된다.

타이밍벨트 교환은 비용이 제법 들지만, 제때 교체해주지 않아 타이밍벨트가 끊어지면 피스톤이 파열되는 등 엔진 고장까지 이어진다. 타이밍벨트 교체로 끝낼 일을 엔진까지 교체해야 하는 최악의 상황을 맞을 수도 있다. 따라서 주행거리가 다 찼다면 지금 타이밍벨트가 정상이어도 예방 차원에서 교체를 고려해봐야 한다. 조만간 어느 시기에 수명이 다할 수 있는 만큼 미리 교체하는 것도 현명한 방법이기 때문이다.

벨트 대신 체인을 쓰는 차종도 있다. 타이밍체인은 벨트보다 내구성이 좋아 반영구적으로 사용할 수 있다. 그래도 매우 중요한 부품이니 벨트와 마찬가지로 수시로 상태를 점검해봐야 한다. 특히 타이밍체인이 장착된 차량에서 오일이 오염되면 타이밍체인의 장력에 영향을 주고 이로 인해 관련 부품의 손상이 일어나 결국 엔진까지 고장 나는 경우가 종종 있는 만큼 엔진오일 관리는 절대적으로 중요하다.

엔진오일은 자주
갈아줘야 합니다

한국소비자원과 한국석유관리원이 지난 2012년 실시한 엔진오일 관련 조사 결과는 흥미롭다. 7개 차종의 14개 모델을 각각 5000km, 1만 km 주행한 뒤 엔진오일의 상태를 점검해본 것. 엔진오일의 점도粘度(오일의 끈끈한 정도), 유동점流動點(오일이 굳어지기 전의 온도), 동점도動粘度(오일이 균일하게 흐르는 정도) 등에 큰 차이가 없다는 결론을 얻었다. 5000km를 달린 차나 1만 km를 달린 차나 오일 상태에 큰 차이가 없다는 것이다.

   그러나 운전자 160명을 대상으로 설문조사한 결과 이들의 평균 엔진오일 교체주기는 6350km로 7000km도 채 달리지 않고 엔진오일을 교체하는 것으로 조사됐다. 너무 자주 엔진오일을 교체한 것이다.

엔진오일은 일종의 윤활유로 엔진의 피스톤이 실린더 안에서 부드럽게 작동하도록 해준다. 윤활유가 하는 일은 그뿐 아니다. 뜨거워진 엔진을 어느 정도 식혀주는 냉각 기능도 하고, 이물질을 씻어내는 세척 기능, 녹이 스는 것을 막아주는 방청 기능을 할 뿐 아니라 연소실에서 가스가 누출되는 것을 막아주는 밀폐 기능도 한다.

엔진오일은 이 같은 기능을 제대로 수행할 수 있도록 만들어지는데 시간이 흐르면서 점차 그 기능이 약해진다. 이물질이 많이 섞이고 점도가 낮아져 윤활과 밀폐 기능에 이상이 생길 수도 있다. 따라서 적정한 시기에 이를 교체해줘야 하는데 그 적정 시기가 언제냐를 두고 의견이 분분한 것이다.

대체로 엔진오일업체나 정비업체에서는 3000km 혹은 5000km가 적당한 교체 시기라고 권한다. 안전하게 차를 유지하기 위해서는 조금 일찍 교체해주는 것이 좋다는 것이다. 하지만 그 이면에는 소비자들이 오일 교체를 자주할수록 정비업체와 오일업체의 수입이 늘어날 것을 기대하는 심리도 있다. 과잉소비를 부추기는 것이다.

엔진오일을 빨리 교체해서 나쁠 건 없다. 하지만 그때마다 드는 돈과 환경에 부담을 주는 점 등을 고려한다면 너무 자주 엔진오일을 교체하는 건 바람직하지 않다. 그렇다고 언제 엔진오일을 교체했는지 모를 정도로 무관심하다가는 엔진오일이 바닥나 엔진에 무리를 주어, 차의 성능이 떨어지는 것은 물론이고 엔진이 심각한 손상을 얻게 된다.

그렇다면 엔진오일은 언제 교체하는 것이 좋을까. 정답은 자동차 사용설명서에 나와 있다. 국산차를 기준으로 연간 2만 km 정도 주행하는 운전자라면 1만~1만5000km를 달리고 난 뒤 오일을 교체하면 된다. 그 이하를 달리는 경우라면 주행거리와 상관없이 연 1회는 교환하는 게 좋다. 우리나라에서는 여름과 겨울의 기온 차이가 커 엔진오일의 성질이 변할 가능성이 크다는 논리다. 과거에는 겨울용 엔진오일을 따로 사용하기도 했지만 요즘엔 그냥 사계절용 엔진오일이면 충분하다.

자동차의 주행 상황이 일반적이지 않다면 엔진오일 교체주기를 조금 짧게 가져가는 게 좋다. 먼지가 많이 날리는 비포장도로에서 주로 달리는 차라면 좀더 자주 오일을 갈아주는 게 좋다. 평소에 운전을 거칠게 하는 경우도 여기에 해당한다. 엔진 회전수를 높게 쓰고 고속주행을 즐긴다면 엔진오일도 혹사를 당한다고 봐야 한다. 이런 경우라면 7000~1만 km 사이에서 엔진오일을 교체해줘야 한다. 평일엔 주차해두고 주말에만 타는 경우라면 주행거리와 상관없이 1년에 한 차례는 교체해주는 게 좋다.

엔진오일 교체 작업이 어렵지 않다고 집에서 직접 이를 시도하는 것은 바람직하지 않다. 다 쓰고 남은 폐오일을 결국 어딘가에 버려야 하는데 개인이 이를 처리하는 것은 불가능하다. 따라서 폐오일 수거체계를 갖춘 정비업체에서 오일을 교환해야 한다. 자동차관리법시행규칙에서는 엔진오일 교환은 '자동차정비업 등록자'만이 할 수 있다고 정하고 있다. 자가교환은 불법이란 얘기다.

아반떼라 엔진오일
4리터 넣었습니다

대부분 정비업체에서는 엔진오일을 벌크로 공급받아 소비자에게 판매한다. 벌크오일이란 드럼통에 담아 대량으로 유통되는 오일이다. 캔에 들어 있는 오일과 똑같은 오일이지만 포장용기가 없어 환경에도 도움이 된다.

벌크오일을 사용하면서 부각된 문제가 엔진오일 정량 속이기다. 실제 주입된 양보다 많은 양을 소비자에게 청구하는 것. 이는 정비업체의 오랜 관행이다. 예를 들어 아반떼 XD 1.5의 경우 엔진오일 정량은 3.3L지만 정비업체에서는 4L를 주입한 것으로 소비자에게 청구한다. 다른 차량도 마찬가지다. 4.3L를 넣고 5L를 청구하고, 7.4L를 넣고 8L를 청구하는 식이다. 자동차 사용설명서에 나와 있는 정량보다 더 많은 양을 주입했다고 속이는 것이다. 엔진오일 정량을 모르는 소비자들은 그 말에 속을 수밖에 없다. 소비자를 속여 업체들이 부당이익을 취하고 있는 것.

예전에는 이런 관행에 수긍할 만한 이유가 있었다. 과거 정비업체들은 엔진오일을 4L나 6L로 포장된 캔으로 공급받아 소비자에게 제공했다. 4L의 캔을 뜯어 소비자에게 3.3L를 제공하고 남은 오일은 폐기했다. 3.3L를 차에 주입하기 위해 4L의 캔을 사용하는 것. 따라서 3.3L의 엔진오일을 공급받은 소비자에게 4L의 비용을 청구할 수 있었다.

하지만 정비업체들이 엔진오일을 벌크로 공급받으면서 상황은 달라졌다. 벌크오일을 사용하는 거의 모든 정비업소에서는 디지털 모니터가 있는 주입기를 사용해서 오일을 주입한다. 주입된 양은 소수점 이하까지 표시된다. 정확한 주입량을 알 수 있는 것. 그럼에도 정비업체들은 그동안의 관례를 핑계로 오일 사용량을 속여 소비자들에게 청구하고 있다. 정비업체가 정비를 마친 뒤 소비자에게 반드시 제공해야 하는 정비점검명세서를 보면 소수점 이하는 올림해서 청구하는 경우가 대부분이다. 이 같은 시비를 피하기 위해 양을 표기하지 않고 금액만 표기하는 경우도 있다. 견적서나 명세서를 작성할 때에는 수량과 단위 가격을 모두 표시해야 하는 규칙을 어기는 것이다.

자동차 보급대수 1900만 시대다. 이 차들이 연간 1회만 엔진오일을 교환한다고 해도 엄청난 돈이 소비자들의 지갑에서 잘못 빠져나간다. 엔진오일 정량을 주입하고 정확히 그만큼의 대가를 지불할 수 있도록 업계의 각성이 필요하다. 소비자들 역시 자신의 차에 얼마만큼의 엔진오일이 필요한지 알아보고 정비업체의 정량 속이기에 적극적으로 대처해야 한다.

차가 기울었으니 쇼바 교체하고
휠 교정도 해야 합니다

무심코 운전만 하던 사람이 어느 날 차를 살펴보니 차가 기울어져 있다. 대개 이런 때는 펑크가 났거나 타이어 공기압 문제인 경우와 쇼크업소버shock absorber(쇼바) 등 현가장치(노면의 충격이 탑승자에게 전달되지 않게 충격을 흡수하는 완충장치)가 고장 난 경우다. 전자라면 간단히 펑크를 때우거나 그저 공기만 더 넣어주면 된다.

하지만 이런 간단한 상황에서도 "차가 기울었네요. 쇼바 교체하고 휠 교정이 필요합니다"라며 겁을 주는 정비업체들이 있는 게 사실이다. 경우에 따라 맞는 말일 수도 틀린 말일 수도 있다. 이럴 땐 다음과 같은 기준을 바탕으로 차의 정확한 상태와 원인을 파악하는 게 먼저다.

● 펑크 혹은 공기압 이상

펑크는 육안으로도 쉽게 알 수 있지만 타이어 공기압 이상은 쉽게 알아차릴 수 없다. 평소 주유소에서 기름 넣을 때 타이어 공기압을 체크하고 공기를 넣어주는 것을 생활화하면 좋다. 타이어 옆면을 보면 해당 타이어의 최대공기압이 표기되어 있다. 적정 공기압은 최대 공기압의 80% 정도다. 최대공기압이 44psi인 경우 25~37psi가 적정공기압이 된다.

● 타이어 위치 교환

타이어 위치 교환은 6개월에 한 번 혹은 1만 km 주행마다 해주는게 좋다. 주행을 하다보면 타이어가 한쪽만 닳게 되는데 타이어 위치 교환을 통해 이 같은 편마모 증상을 완화시킬 수 있다. 앞바퀴 굴림차는 앞바퀴가, 뒷바퀴 굴림차는 뒷바퀴가 좀더 마모된다. 앞바퀴를 뒤로, 뒷바퀴를 앞으로 교체하거나 X자로 교체하는 등의 방법이 있다. 자동차 사용설명서를 찾아보면 해당 차종에 적합한 타이어 위치 교환 방법이 나와 있으니 이를 참조하자.

● 쇼크업소버 이상

펑크나 공기압 이상이 아닌데도 차가 기울었다면 쇼크업소버 등 현가장치 이상을 의심하는 게 맞다. '쇼바가 고장'이란 것은 쇼크업소버가 이상 작동으로 노면 충격을 흡수하지 못한다는 말이다. 운행할 때 덜거덕 소리가 나고 과속방지턱 등 요철 구간을 지날

때 평소와 다르게 차가 심하게 흔들리거나 충격을 받는 현상이
일어난다. 쇼크업소버 점검 후 교환해줘야 한다.

● **휠 얼라인먼트**wheel alignment

휠 얼라인먼트는 말 그대로 바퀴 정렬이다. 자동차 앞 타이어는
위에서 볼 때 앞쪽이 조금 안쪽으로(토인toe-in), 정면에서 볼 때
아랫부분이 좁고 위쪽이 넓게 V자 형태로 정렬돼(캠버camber) 있
어야 제대로 달리고 방향을 돌릴 수 있다. 이게 틀어지면 고속 주
행할 때 바퀴가 떠는 느낌이 들고 핸들이 한쪽으로 쏠리는 현상
이 나타난다. 이런 현상이 느껴질 때 휠 얼라인먼트를 점검하고
필요하면 조절하면 된다.

● **휠 밸런스**wheel balance

휠 얼라인먼트를 보기 전에 휠 밸런스를 먼저 보는 것도 방법이
다. 휠에 붙어 있는 납덩어리(휠 밸런스 웨이트wheel balance weight)
의 위치를 잡아 휠의 균형을 잡아주는 것이다. 휠 얼라인먼트보
다 비교적 간단하게 조치할 수 있다.

차가 고장 나 정비업체를 찾아야 하는 운전자는 걱정이 많다.
차에 대해 잘 모르는 운전자라면 그 걱정은 더 크다. 잘 고쳐줄지
도 걱정이지만 과잉정비로 바가지를 쓰지 않을지가 가장 큰 고민
이다. 사실 이 부분에 대해 명쾌한 해결 방법은 없다. 그저 마음
씨 좋은 정비사를 만나길 기대할 수밖에 없는 게 사실이다. 하지

만 지금까지 설명한 몇 가지 확인 요령을 알아두면 최악의 경우
를 피할 수는 있다.

판금도장, 야매로 해도
별 차이 없어요

"야매로 하시죠." 자동차가 찌그러져서 동네 카센터를 찾으면 쉽게 들을 수 있는 말이다. '야매'는 일본어에서 온 말로 불법적인 방법을 뜻한다. 자동차 정비업계에서는 특히 판금도장과 관련해서 주로 사용된다. 무허가 공장 혹은 설비가 부족한 공장에서 수리를 하는 것을 지칭한다. '야매'를 권하는 이들은 제대로 고치는 것과 큰 차이 없다거나 똑같다고 운전자를 꼬드긴다. 비싼 돈 들이지 말고 싸게 고치라고도 유혹한다.

내 경험담이다. 새 차를 사고 5~6년이 지나 가벼운 사고가 났다. 뒤차에 받혔는데 가해자 형편이 그리 좋아 보이지 않았다. 큰 사고가 아니었고 범퍼 도색이 벗겨진 정도여서 보험처리하자는 필자에게 가해자는 자기가 알아서 차를 고쳐주겠으니 그냥 끝내자고 사정했다. 보험처리해도 큰 부담이 없을 거라 설득했지만 그는 막무가내였다. 결국 그 사람이 정해준 정비공장에 차를 입고시켰다. 겉보기에 멀쩡했고 잘 고쳐진 것처럼 보여 아무 일 없었던 듯이 마무리를 했다.

그런데 1년쯤 지난 뒤 도색 부위에 실금이 보이기 시작했고 시간이 지날수록 쩍쩍 갈라져갔다. 2년도 되기 전에 가뭄에 타들어간 논처럼 도색 부위가 갈라졌다. 사고 당시 제대로 정비하지 않고 '야매'로 고친 것을 그때야 알았다. 그러나 불만을 제기하기엔 시간이 너무 많이 흘러버렸다. 내 돈 들여 다시 고치자니 아까워서 눈물을 머금고 그 흉한 몰골로 그냥 탈 수밖에 없었다. 그때 제대로 정비하는 게 옳았다. 가해자에게 차를 맡긴 것도 큰 실수였다. 때늦은 후회였다.

육안으로 차이를 구별하기 힘든 것, 바로 이 점이 '야매'의 경쟁력이다. 정비를 마치고 난 후 당장 눈으로 보기에는 제대로 판금도장 작업을 한 차와 대충 고쳐놓은 차 사이에 아무런 차이를 발견할 수 없다. 하지만 시간이 흐를수록 그 차이는 확연해진다. 후회할 때에는 이미 늦었다.

판금과 도장은 별개의 작업이지만 대부분의 경우 함께 묶여 작업이 이뤄진다. 판금은 찌그러진 부분을 펴내는 작업이고 도장은 그 위에 페인트를 분사하고 열처리 과정을 거쳐 원래의 색상을 입히는 작업이다.

판금도장은 전문정비업으로 허가받아 영업하는 일반 카센터에서 할 수 없다. 법적으로 불가능하다. 판금도장 작업을 할 수 있는 정비공장은 소형정비공장과 종합정비공장 중에서도 밀폐된 공간과 집진시설을 갖춘 곳이다. 따라서 판금도장 작업을 위해서라면 카센터가 아닌 정비공장을 찾아가는 게 맞다.

밀폐된 부스와 집진시설을 요구하는 것은 작업장에서 먼지를 제거해 도장 품질을 확보하자는 측면과 분진, 페인트 등이 대기로 퍼져나가는 것을 막아 환경을 보호하자는 측면이 있다. 실제로 집진시설을 갖추지 않는 곳에서 작업을 할 경우 표면에 먼지가 달라붙은 채 도장작업이 이뤄지게 된다. 열처리도 표준화된 작업과는 거리가 멀다. 페인트칠을 한 뒤 토치로 열을 가하거나 심지어는 자연건조시키는 경우도 있다. 제대로 된 품질이 나올 수 없는 환경이다. 정해진 시설에서 품질을 인정받은 페인트를 사용하고 균일한 온도에서 정해진 시간 동안 열처리를 거쳐 수리를 한 경우와 그렇지 않은 경우가 같은 품질일 수는 없다.

한 가지 더. '야매'로 차를 정비했다가 정비업자가 행정당국에 적발되면 자동차 검사를 받으라는 행정처분을 받을 수 있다. 정비업자는 당연히 불법정비로 처벌을 받게 되고 불법정비를 통해 차를 고친 소비자는 차를 검사받아야 하는 상황에 처할 수 있다. 검사를 통과하지 못하면 원상복구를 하거나 재정비를 통해 안전 등에 이상이 없음을 확인받아야 한다.

중고부품 아닙니다

자동차 부품은 여러 종류가 있다. 흔히 순정부품이라고 부르는 제조사 인증 부품, 같은 업체에서 생산했지만, 순정부품 딱지가 없는 일반 부품, 폐차나 정비과정에서 떼어내 다시 쓰는 중고부품, 재활용 업체를 통해 손본 뒤 다시 사용하는 재사용부품, 중국에서 만들어 물 건너온 짝퉁부품 등 제각각이다. 하지만 소비자들은 이를 제대로 알지 못한다. 정비업체에서 알아서 잘 고치겠지 하고 믿을 뿐이다. 그래도 혹시나 하고 이를 확인해서 물어보면 대부분은 "중고부품 아닙니다"라는 대답이 돌아온다.

　일반 정비업체에서 차를 정비한 뒤에는 부품을 제대로 교체했는지 확인해봐야 한다. 실제로 교체했는지, 정품을 썼는지를 봐야 하기 때문이다.

지난 2013년 3월에는 울산 해양경찰이 중국산 짝퉁 자동차 부품을 국내에 유통시킨 일당을 검거했다. 검거된 이들은 국내 유명 자동차부품업체의 상표를 위조한 엔진 플러그를 시중에 2010년 2월부터 최근까지 들여와 판매했다. 6월에는 경기도 남양주에서 중국산 짝퉁부품을 외국 유명자동차 부품 상표로 바꿔치기하던 일당이 특허청에 적발됐다. 2008년에는 중국산 짝퉁부품을 군대에 납품했던 업자가 적발되기도 했다.

놀라운 일은 아니다. 짝퉁부품은 이미 시중에 광범위하게 퍼져 있다는 게 정비업계의 정설이다. 중국 최대의 자동차 부품 시장인 베이징의 오방교 상가에서는 공공연하게 자동차 짝퉁부품이 거래되고 있다. 차의 성능과 안전에 직결되는 타이밍벨트 짝퉁제품도 버젓이 팔린다. 차가 운행 중에 타이밍벨트가 끊어지면 엔진이 고장 나고 차가 멈춰버린다. 이 과정에서 사고가 날 위험도 크다. 이처럼 짝퉁부품은 자동차의 성능과 안전에 치명적인 해를 끼친다. 제품 포장을 보면 짝퉁부품을 확인할 수 있다. 제조사가 인증하는 부품임을 표시하는 홀로그램과 제품 포장이 조악하다.

제조사 인증 부품이나 새 제품은 아니지만, 합법적으로 사용하는 재사용부품도 있다. 폐차되는 중고차에서 사용 가능한 제품을 재활용하는 것. 제동, 조향장치 및 내압용기 등 안전과 직결되는 부품을 제외한 부품은 법적으로 재사용이 가능하다. 정부는 재사용부품 사용을 활성화하기 위해 2013년 8월부터 온라인 쇼핑몰(자동차해체재활용 쇼핑몰www.gparts.co.kr)을 가동할 예정이다. 범퍼, 전조등, 콤비네이션램프combination lamp, 펜더, 사이드미러, 도어, 후드, 트렁크리드trunk lid, 알루미늄휠 등의 재사용부품이 우선 공급되고 라디에이터, 에어컨, 제너레이터generator, 쇼크업소버까지도 공급을 확대한다고 한다. 재사용부품 온라인 쇼핑몰은 한국해체재활용협회가 운영하는데 이를 통해 공급하는 재사용부품은 일정 기간 품질보증이 되며, 교환 또는 환불도 가능하다고 국토부는 밝히고 있다.

재사용부품의 장점은 저렴한 가격이다. 새 제품의 30% 정도 가격에 정비할 수 있다. 품질은 다소 떨어지지만 성능에 문제는 없다. 하지만 이 경우도 악용의 가능성은 있다. 정비업자들이 소비자에게 알리지 않은 채 재사용부품을 사용하고 새 제품 가격을 청구할 수 있는 것. 제품 포장을 확인하는 일이 그래서 중요하다. 포장을 보면 새 제품인지, 재사용제품인지 확인할 수 있다. 속지 않으려면 포장을 잘 살펴라. 정비업체를 찾을 때 가장 명심할 일이다.

정비명세서를 받아두는 일도 중요하다. 정비업체가 의무적으로 교부해야 하는 서류지만 이런저런 핑계로 이를 주지 않는 업체도 간혹 있다. 이 명세서에는 제조사가 공급하는 신부품(A), 기타 신부품(B), 중고재생품(C) 등으로 구분해 기재된다. 이는 차후에 정비명세서와 다른 부품이 사용된 것으로 밝혀질 경우 피해보상을 요구하는 중요한 근거자료가 된다.

구입한 지 얼마 안 된 새 차라면 정비를 할 때에도 새 부품을 사용하려는 게 당연하다. 하지만 10년 이상 된 중고차를 고치면서 새 부품을 고집하는 건 생각해볼 문제다. 그런 차라면 재사용 부품을 사용하는 것이 좀더 현명한 소비자의 태도다.

광폭타이어로 바꾸면
폼도 나고 승차감도 더 좋아요

차를 좋아하는 이들 중에는 새 차를 출고한 뒤 바로 타이어를 교체하는 이들이 많다. 이른바 튜닝이다. 나만의 차를 만들기 위해 차를 여기저기 손보는 과정이 튜닝인데 나름대로의 장단점이 있다. 문제는 폼 나는 차를 만들기 위해 타이어에 손대는 이들이다. 타이어를 교체할 때 얻는 것과 잃는 것을 정확히 이해하고 난 뒤에 결정해도 늦지 않다.

출고시 장착되어 나오는 타이어는 설계 단계에서부터 차의 성능에 맞춰진 타이어라고 보면 된다. 차의 성격, 성능, 연비, 주고객층의 성향까지 고려해 만들어진 타이어다. 물론 여기에는 원가도 중요한 고려사항이다. 저가의 소형차에 최고급 타이어를 장착해 출고할 수는 없는 일이다.

타이어 제조사에서는 OEM 공급을 할 경우 대량공급이 가능하기 때문에 가격 대비 성능이 우수한 타이어를 만들어야 한다. 자동차회사의 기준에 미달되면 공급이 불가능해지기 때문이다. 따라서 신차 출고 시 달려나온 타이어는 기본적으로 신뢰할 만하다. 일반적인 운전자라면 2~3년 타면서 이 타이어가 닳고 나면 그때 가서 타이어를 교체하는 것이 가장 바람직하다.

다른 의견도 있다. 자동차회사에서는 최소한의 기준을 만족시키는 범위 안에서 가장 저렴한 타이어를 택한다는 것이다. 동일한 규격의 타이어들 중 신차에 OEM으로 공급된 타이어가 가장 저가이고 품질이 떨어진다는 지적도 있다. 이 때문에 자신이 조건에 맞는 타이어를 선택해야 한다는 것이다.

양쪽 모두 설득력 있는 주장이다. 그러나 사실 따지고 보면 소비자가 바꾸고 싶은 것은 타이어보다 휠인 경우가 더 많다. 밋밋한 기존의 휠보다 멋있는 모양의 휠로 바꾸면 차가 훨씬 더 멋있게 보여서다. 휠을 교체하려고 상담을 하다보면 이왕 교체하는 거 타이어까지 바꾸게 되는 경우가 대부분이다. 그래서 튜닝을 위해 타이어를 교체할 때에는 대부분이 신차에 장착된 타이어보다 큰 타이어를 택한다. 이른바 '인치업'이다. 원래 17인치 타이어라면 18인치로 교체하는 것. 교체하는 타이어는 주로 광폭타이어다. 땅에 닿는 면적은 넓고 타이어 옆면은 얇은 저편평형 타이어가 여기에 해당한다.

광폭타이어로 교체를 하면 무엇이 좋을까. 직진가속과 코너링

성능, 그리고 제동 성능이 좋아진다. 대체로 차의 주행 성능이 향상되는 효과를 얻을 수 있다. 지면과 맞닿는 타이어의 바닥 면적이 넓어지는 데서 오는 효과다. 흔히 그립력이 좋아진다고 표현한다. 타이어가 노면을 움켜쥐며 달리는 느낌을 받을 수도 있다.

무엇보다 광폭타이어를 택하는 이유는 폼이다. 곁에서 보기에 타이어가 크면 고성능이라는 느낌을 받게 되고 보기에도 좋다. 고성능의 이미지를 전하기 위해 자동차 디자이너들이 스케치를 할 때 타이어를 크게 그리는 이유처럼 소비자들이 또한 그런 느낌 때문에 광폭타이어를 찾는다.

하지만 광폭타이어는 이에 못지않게 단점도 많다. 먼저, 시끄럽다. 일반 타이어보다 광폭타이어가 노면과 마찰면적이 넓어지면서 소음도 더 많이 크게 발생하게 된다. 같은 이유로 연비가 확연히 떨어진다. 승차감도 악화된다. 노면에서 전해지는 충격을 더 많이 받게 되는 만큼 도로 상태가 좋지 않은 길에서는 주행 성능이 확연히 떨어져 앞서 얘기한 장점을 거의 느끼기 힘들다.

무엇보다 광폭타이어는 눈길이나 빗길에서 더 잘 미끄러진다. 미끄러운 길에서 오히려 그립력이 떨어지기 때문이다. 그만큼 더 위험할 수 있다. 광폭타이어를 장착했다면 악천후에 반드시 서행해야 하는 이유다.

또한 광폭타이어는 OEM 타이어에 비해 가격이 비싸다. 스페어타이어는 빼고 바퀴 네 개만 광폭타이어로 교체한다고 해도 100만 원을 넘기는 경우가 많다. 이렇게 따지고 보면 굳이 광폭타이어로 교체할 이유가 없어 보인다.

정비업체의 입장에선 타이어 교체를 원하는 고객은 앞으로 큰 수익을 가져다줄 가능성이 높은 고객이다. 타이어 교체가 튜닝의 입문이기 때문이다. 타이어를 교체한 뒤 하드한 타입의 낮은 쇼크업소버를 권하고, 큰 타이어로 인한 출력저하를 보완하기 위해 본격적인 엔진 튜닝으로 유도한 뒤 거기에 어울리는 보디 튜닝까지 이어갈 수 있어서다. 여기에 들어가는 돈은 계산기 두들기기 나름이다. 차 가격을 뛰어넘을 수도 있다.

따라서 운전자의 입장에서는 광폭타이어로 교체하기 전에 스스로 다음 질문을 해볼 필요가 있다. 누구를 위한 타이어 교체인가. 내가 스스로 원한 것인가, 아니면 카센터의 권유에 의한 것인가. 내 운전 스타일은 어떤가. 강한 드라이브를 즐기는 편인가, 아니면 편안하게 달리는 편인가. 광폭타이어를 장착하게 될 내 차가 주로 달릴 길은 어떤가. 광폭타이어의 효과를 제대로 누리게 될 잘 포장된 길인가, 아니면 울퉁불퉁 열악한 길인가. 지갑에 여유는 있는가. 빚내서 차에 쏟아붓는 것은 아닌가.

결국 이런 얘기다. 타이어 바꿔서 내가 행복한가, 카센터 사장이 행복한가. 생각해볼 일이다.

브레이크액 부족하면
보충하세요

수시로 보닛을 열어 엔진룸을 열어보는 것은 자동차 운전자의 기본자세다. 보닛을 여는 횟수는 차에 대한 운전자의 애정을 말해준다. 그런데 제대로 알고 살펴봐야 한다. 잘못 알고 제대로 조치해주지 못하면 애정이 화를 부르기도 한다.

처음으로 내 차를 장만하고 나는 한동안 차에 엄청난 시간과 공을 들였다. 200만 원을 주고 중고로 장만한 프라이드에 도난방지기를 달고, 시간만 나면 쓸고 닦고 차의 여기저기를 살폈다. 그러던 어느 날, 브레이크액이 규정치에 훨씬 못 미치게 줄어 있는 것을 발견했다. 나는 아주 자연스럽게 브레이크액을 적정량이 되도록 채워넣고 뿌듯해했다. 차의 이상을 미리 발견하고 제때 조치해줬다는 뿌듯함이었다. 그런데 조금 지나자 브레이크가 이상했다. 브레이크를 밟을 때마다 찌익거리는 소리가 점점 심해졌다.

회사 근처의 카센터에 갔다. 진단은 브레이크라이닝 마모, 처방은 라이닝 교체였다. 브레이크 디스크와 드럼을 잡아주는 라이닝은 오래 사용하면 닳아 없어지는 소비재다. 라이닝이 닳아 없어지는 만큼 브레이크액은 적정 규정치보다 낮아진다. 브레이크라이닝을 교체하면 브레이크액은 다시 적정 수준으로 되돌아온다. 브레이크액을 보충하는 게 아니라 라이닝을 교체해야 했던 것이다. 결국 나는 라이닝을 교체한 뒤 추가로 더 넣었던 만큼의 브레이크액을 다시 뽑아내야 했다.

흔히 오너드라이버의 일상점검 항목으로 냉각수, 엔진오일, 변속기오일, 브레이크액 등을 수시로 점검하고 부족하면 보충해주라는 말을 한다. 틀린 말이다. "부족하면 그 원인을 찾아 조치한 뒤 필요하다면 보충해야 한다"가 맞는 말이다.

나에겐 냉각수와 관련한 아픈 기억도 있다. 회사 차를 운전하고 출장을 가는데 계기판의 냉각수 온도게이지가 자꾸 올라갔다. 가속페달을 밟아도 차는 힘이 없었다. 엔진룸을 열고 살펴보니 냉각수 보조탱크가 말라 있었다. 보조탱크에 수돗물을 넣어 응급조치를 하고 다시 달렸다. 얼마 가지 않아 똑같은 증상이 왔다. 냉각수 온도는 올라가고 냉각수는 어디로 샜는지 또 부족했다. 수돗물을 구할 수 없어 조금 더 운행했는데 결국 시동이 꺼지고 차는 운행불가 상태가 됐다. 엔진룸에서는 마치 불이 난 것처럼 수증기가 무럭무럭 피어올랐다.

나중에 알고 보니 라디에이터radiator 어딘가에서 냉각수가 새고 있었다. 결국 냉각수가 부족하고 제대로 돌지 못해 엔진이 과열된 상태로 운행했던 것이다. 라디에이터와 서모스탯thermostat 이라는 부품을 교체해야 했다.

이처럼 차에 어떤 이상 증상이 발견되면 응급조치보다 원인 규명이 먼저다. 왜 그런 증상이 나타나는지를 먼저 파악해야 한다는 것. 그래야 응급조치나 수리를 제대로 할 수 있다.

엔진오일이나 냉각수가 부족하다면 어디선가 새고 있는 게 아닌지를 체크해봐야 한다. 차를 세워두었던 바닥에 기름얼룩이 심하다면 엔진오일이 새고 있음을 의심해야 한다. 초록색 얼룩이 있다면 냉각수가 샜다는 말이다. 오일이나 냉각수가 새고 있다면 운전자가 조치할 수 있는 방법은 없다. 즉시 정비소를 찾아 정비를 요청해야 한다.

냉각수를 점검한다고 시동이 걸린 채로 라디에이터캡을 열면 안 된다. 뜨거운 냉각수가 폭발하듯 터져나와 화상을 입을 수 있어서다. 라디에이터와 연결된 보조탱크(리저브탱크reserve tank)를 보고 냉각수를 파악하는 게 좋다. 만일 라디에이터캡을 열어봐야 하는 상황이라면 엔진이 충분히 식은 뒤에 열어야 한다. 운행 중 응급조치로 수돗물을 사용한 경우에도 차후에 반드시 정비소에 들러 원인을 찾아 조치해줘야 한다. 수돗물을 넣었다면 비율에 맞춰 부동액을 추가해줘야 한다. 그래야 겨울에 냉각수가 얼지 않는다.

브레이크액은 노란색 액체로 알코올과 비슷한 에틸렌글리콜

성분이 주를 이룬다. 브레이크오일이라고 부르기도 하지만 오일이 아닌 만큼 브레이크액으로 부르는 게 맞다. 노란색이지만 오래 사용하면 밤색으로 변색된다. 이 단계를 넘어 시커멓게 변색되기도 하는데 이렇게 되기 전에 교체해주는 게 좋다. 앞서 말했듯이 브레이크액은 브레이크라이닝이 닳아 없어지는 만큼 줄어드는 것처럼 보인다. 브레이크액이 줄었다면 라이닝을 먼저 살펴봐야 하는 이유다.

험한 길에서 하체가 손상을 입어 브레이크액이 새어나갔다면 브레이크가 제대로 작동하지 않아 운행하기 힘들게 된다. 이런 경우에는 자동차회사나 보험사의 긴급출동서비스를 이용하는 게 바람직하다. 하지만 이조차도 여의치 않을 때에는 브레이크액이 부족한 만큼 오렌지 주스를 부어넣으면 브레이크가 제대로 작동한다. 하지만 이는 어디까지나 응급조치를 위한 임시방편일 뿐이다. 응급조치를 한 뒤에는 바로 정비소로 직행해야 한다.

대기업 프랜차이즈니까
제일 믿을 수 있죠

일반 운전자 입장에서는 자동차 정비업체는 다 똑같아 보인다. 하지만 자세히 보면 운영주체가 누구이냐에 따라 정비업체들은 다음 세 가지 중 하나로 정리된다.

첫째, 자동차 제조사가 직영하거나 협력관계에 있는 정비공장이다. 둘째, 스피드메이트나 오토오아시스 같은 대기업이 운영하는 프랜차이즈 업체다. 셋째, 개인 사업자가 운영하는 동네 카센터다. 이 세 가지 형태의 자동차 정비업체들은 각각의 입장에 따라 자동차 정비에 임하는 자세가 조금씩 다르다.

자동차 제조사는 자동차를 구매한 소비자들이 불편을 느끼지 않도록 사후관리를 해야 할 의무를 갖는다. 물론 정비를 통해 수익을 얻고자 하는 목적도 있지만 기본적으로 자동차 제조사가 자동차 정비에 나서는 이유는 고객 서비스를 위해서다.

제조사 직영 정비공장은 기본적으로 과잉정비를 금기시한다. 보증기간에 있는 자동차의 경우 정비는 무상수리다. 돈을 받지 않고 차를 고쳐줘야 하는 것. 이 때문에 정확히 필요한 부분에 대해서 필요한 수준의 정비를 제공한다. 공짜로 차를 고치는 소비자 입장에서는 조금 더 고쳐줬으면 하는 생각이 들 수 있다. 보증기간이 지난 차의 경우도 과잉정비 위험은 상대적으로 적다. 차의 여기저기를 지적하며 나쁘다고 하고 이를 고칠 것을 유도해야 하는데 그것은 자신들의 차가 그만큼 좋지 않다는 말을 하는 셈이라 자기모순에 빠지는 것이다. 물론 사고차에 대해서는 필요 이상의 정비를 할 개연성이 있지만 일상적인 정비를 하는 차를 과잉정비할 가능성은 상대적으로 낮다.

실제로 자동차 제조사의 직영 정비업체에서는 작업 범위를 초과하는 정비에 대해서는 정비시스템에 입력조차 할 수 없게 돼 있다. 당연히 직영점이나 협력업체에는 자동차 제조사가 강제하는 매출 목표액이 없다. 매출 목표가 없으니 작업 현장에서 굳이 과잉정비를 유도할 필요도 상대적으로 덜하다.

정비 프랜차이즈의 경우는 다르다. 이들은 자동차 제조사가 아니어서 자동차에 대해 이런저런 흠을 잡는 데 불편할 게 없다. 또한 보증수리를 하는 것도 아니어서 모든 정비는 곧 매출로 이어진다. 그래서 이들은 더 많은 이익을 얻기 위해 매출 목표를 정하고, 각 업소는 정해진 매출 목표를 달성하기 위해 차를 좀더 고치도록 유도하는 일이 잦다. 엔진오일 교환하러 온 차에 이런저런 정비를 추가로 하도록 유도할 개연성이 크다.

　동네 카센터는 갈수록 경쟁력이 떨어져 이곳을 찾는 운전자들의 발길이 갈수록 줄어들고 있다. 심지어 골목상권 보호를 위해 대기업의 정비업 진출을 규제해야 한다고 목소리를 높이고 있는 상황이다. 물론 오랜 시간 동안 쌓은 노하우와 신뢰를 바탕으로 경쟁력을 유지하는 정비소도 있다.

　재미있는 것은 소비자들의 행태다. 새 차를 산 운전자는 정비업체를 선택할 때 '기술력'을 본다. 기술이 좋다는 소문이 난 업체를 찾아 먼 길을 마다하지 않고 달려간다. 하지만 시간이 지나면 기술보다는 '서비스'를 택한다. 매장이 깨끗하고 종업원들의 고객응대 태도가 좋고 휴게시설이 잘 갖춰진 정비업체를 찾는 것. 좀더 시간이 흘러 10년쯤 돼서 차에 대한 애정도 많이 식은 고객들의 선택은 '동선'이다. 내가 다니는 길 근처에 있는 업체를 택하는 것. 출퇴근 할 때, 쇼핑할 때 지나치는 마트나 주유소에 있는 업체에 차를 맡기는 것이다. 마트나 주유소에 자리한 정비업체들은 대부분 앞서 언급한 대기업이 운영하는 정비 프랜차이즈들이다. 많은 운전자들이 과잉정비에 노출되어 있는 셈이다.

　조금 귀찮고 힘들어도 초심으로 돌아가는 게 좋다. 기술이 좋은 업체를 찾아 발품을 아끼지 않는 자세가 바람직한 운전자의 태도가 아닐까 한다.

차에 나타나는 이상 증상 판단하기

자동차에 이상이 생기면 반드시 그 징후가 나타난다. 운전자가 이를 재빨리 알아차리고 미리 조치를 하면 큰 고장을 사전에 막을 수 있다. 이 때문에 운전할 때에는 오감을 열고 모든 감각을 동원해 차를 살펴야 한다.

◆ 시동이 경쾌하지 않을 때

배터리나 발전기에 이상이 있다는 말이다. 배터리와 발전기의 전압을 측정해보고 조치해야 한다. 배터리 전압이 낮아지면 전조등이 평소와 달리 어두워지기도 한다.

◆ 엔진에서 나는 쇳소리

가속페달을 밟을 때 쇳소리가 나고 엔진 회전속도와 비례해서 그 소리가 커진다면 엔진밸브 계통 이상이라고 판단한다. 엔진 출력과 배기가스에도 영향을 미치는 만큼 빠른 시간 안에 정비해줘야 한다.

◆ 코너에서 들리는 '두두둑' 하는 소리

핸들을 돌릴 때 두두둑 하는 소리가 들리면 등속조인트에 이상이 생긴 것이다. 핸들을 완전히 돌려 가속페달을 밟으면 증상이 더 확실해진다. 등속조인트를 교체해야 한다.

◆ 가속할 때 나는 '우우웅' 하는 소리

저속에서는 거의 들리지 않다가 가속할 때 우우웅 하는 소리가 들리고 속도를 높일수록 소리도 따라서 높아진다면 차축의 허브베어링 이상일 확률이 높다.

◆ '찌~익' 하는 소리

가속페달을 밟을 때 이런 소리가 난다면 팬벨트가 늘어지지 않았나 의심해야 한다. 벨트가 늘어져 미끄러지면서 나는 소리이기 때문이다. 에어컨을 켤 때 이런 소리가 난다면 에어컨벨트 이상이라고 봐야 한다.

◆ 브레이크 밟을 때 나는 '끼익' 소리

브레이크를 밟을 때 끼익하는 소리가 나면 브레이크라이닝을 점검해야 한다. 라이닝이 닳거나 오일이 묻어 있을 때 나타나는 현상이다.

◆ 하체에서 들리는 '따각따각' 하는 소리

주행 중 과속방지턱이나 노면이 패인 곳을 지날 때 하체에서 따각따각 하는 소리가 들리면 쇼크업소버와 현가장치의 이상을 점검해야 한다. 경우에 따라서 쿵쿵거리기도 한다.

◆ 타는 냄새

실내에서 타는 냄새가 나면 차를 즉시 세우고 시동을 끈 뒤 원인을 찾자. 누전이나 합선 등의 원인으로 전기 배선이 어디선가 타고 있을 수 있다. 차량 화재로 이어질 수 있어 반드시 원인을 찾아 문제를 해결해야 한다.

◆ 달콤한 냄새

냉각수가 새면 달콤한 냄새가 난다. 냉각수에 있는 부동액에는 에틸렌 글리콜이라는 화학물질이 포함돼 있는데 이 성분이 기화돼 그 냄새를 맡게 되면 건강에도 좋지 않다.

◆ 기름 타는 냄새

차 안으로 기름이 타는 냄새가 들어온다면 엔진오일이 샌다고 봐야 한다. 엔진룸을 열어 오일이 새고 있지 않은지 확인하고 조치해야 한다. 무시하고 그냥 운행하면 화재로 이어질 수 있다.

정비업체 찾기와 이용하기

◆ 한곳에서 오래 영업한 곳을 찾아보자

정비업체를 찾는 운전자의 발길은 늘 무겁다. 고장 난 차도 걱정이지만 속지 않을까 하는 두려움도 크다. 정비업체를 무조건 믿을 수 없는 게 현실이다. 그래서 단골 정비업체를 만들라는 충고를 많이 한다. 하지만 그게 그리 쉽지 않다. 단골 정비업체를 만들 정도라면 자동차가 자주 고장이 나야 하는데, 요즘에는 자동차가 고장 나는 경우가 점점 줄어들고 있어 동네 카센터들은 장사가 되지 않을 정도다. 오랜 단골이 있으면 좋겠지만 억지로 만들 수는 없는 노릇이다.

단골 정비업체가 없다면 한곳에서 오래 영업한 업체를 택하는 게 차선책이다. 10년 이상 오래 영업한 곳이라면 새로 문을 연 업체보다는 그래도 신뢰할 수 있다. 오랜 기간을 두고 운전자들을 상대하면서 영업을 해왔다면 최소한의 신뢰를 얻었다고 볼 수 있어서다.

◆ 무조건 싸게 해준다는 곳은 피하자

처음 찾은 정비업체에 덥석 차를 맡기지 말고 서너 군데 업체를 찾아 견적을 받아보면 판단할 수 있다. 이때 무조건 값이 싼 곳을 찾는 것은 바람직하지 않다. 견적을 받아보고 인터넷 등을 통해 적정한 가격인지, 과잉정비는 아닌지, 따져보고 수리를 맡기기를 권한다.

낮은 가격만 보고 수리를 맡기면 차후에 여기저기 추가로 손봐야 한다는 권유를 받을 수 있다. 그렇게 수리를 더 했다면서 차후에 더 많은 비용을 청구하기도 한다. 정비 도중에 추가 정비를 해야 한다는 연락을 받았다면 이런 위험이 있음을 알아야 한다. 다 그렇지는 않지만 멀쩡한 부품을 고장 낸 뒤 정비를 해야 한다는 처방을 하기도 한다. 정확하게 견적을 받고 이때 추가 정비가 없도록 다짐을 받아두자. 다짐으로 부족하다면 견적서를 받아두자.

◆ 정비명세서를 받자

견적을 받을 때에는 수리기간을 명확하게 표기해달라고 해야 한다. 차일피일 수리가 늦어질 때 늦어진 기간 만큼의 손해배상을 요청할 수 있다. 수리기간을 명시하는 것만으로 정비업자에게는 수리기간을 지켜야 한다는 압력이 된다.

수리를 마친 뒤에는 영수증과 더불어 정비명세서를 반드시 받아둬야 한다. 이를 통해 수리한 부품, 수리비 등이 적정한지 판단할 수 있다. 수리 후 다시 고장이 났을 때에는 영수증과 정비명세서 등을 근거로 무상수리를 요청할 수 있다. 예상하지 못한 분쟁이 발생했을 경우 이런 서류들은 중요한 근거가 된다.

자동차관리법에는 정비업체에서 수리한 이후 최소 1개월에서 최대 3개월 이내 정비 잘못으로 고장이 발생한 경우 무상수리해줄 것을 규정하고 있다. 따라서 차를 수리한 뒤에는 정비가 제대로 됐는지 반드시 살펴보고 이상이 있다면 무상수리기간 안에 이의를 제기하고 재정비를 요청해야 한다.

정비업체를 이용하는 과정에서 문제가 발생하면 관련 기관에 민원을 제기하고 도움을 요청할 수 있다. 정비업체에서 무상수리를 거부하거나 소비자 동의를 구하지 않고 정비업체 임의로 정비를 하는 경우, 견적서 및 정비명세서를 교부하지 않는 경우 등이 이에 해당한다. 이런 경우가 발생하면 한국소비자원www.kca.go.kr(국번 없이 1372)이나 시·군·구청 자동차관리사업 담당자에게 민원을 제기하고 도움을 요청하면 문제 해결에 큰 도움이 된다.

◆ 정비사를 전문가로 대하자

현장에서 좀더 부드럽게 대응한다면 문제 발생을 사전에 막을 수도 있다. 일단 정비업체를 정했다면 부드럽고 친근하게 접근하자. "여기가 잘 고친다는 말을 듣고 왔어요"라거나 "아주 잘 고치시네요" 등 칭찬의 말을 아낄 필요가 없다. 기분 좋게 띄워주고 친밀감을 갖도록 하면 손해볼 게 없다.

참고로 정비사들이 가장 싫어하는 고객들은 이런 유형이다. 무조건 가격 먼저 깎는 고객, 아는 체하면서 정비사를 우습게 보는 고객, 여기가 싸니까 왔다는 고객 등이다. 정비사의 입장에서 생각해보면 "여기가 잘 고쳐서 왔다"는 고객과 "여기가 싸서 왔다"는 고객을 맞을 때의 기분은 크게 다르다. 정비사를 전문가로 대하면 정비사의 자세도 달라진다.

5장
자동차회사의
거짓말

결함이 있으면
신속히 교환이나
환불을 해드리겠습니다

새 차를 구입했는데 말썽이 잦다면 어떻게 할까. 생각만 해도 끔찍한 일이다. 몇 천만 원을 호가하는 자동차는 대부분의 집 없는 사람에게는 가장 비싼 재산목록 1호가 된다. 그런 차가 출고하자마자 고장 나고 멈추고 속을 끓이게 한다면 정말 속 터지는 일이 아닐 수 없다.

자동차회사에서 쉽게 환불이나 교환해주면 되지만 말처럼 쉬운 일이 아니다. 불량 제품을 구매했을 때 환불받거나 교환하기가 가장 어려운 품목이 바로 자동차다. 자동차회사의 배짱, 관련 법규의 미비로 소비자는 분통을 터트릴 수밖에 없다. 대기업인 자동차회사를 상대로 개인인 소비자가 싸우기란 정말 힘든 일의 연속이다. 계란으로 바위를 깨는 게 훨씬 쉽다.

소비자 문제를 다루는 컨슈머리서치가 2013년 3월에 발표한 조사 결과를 보면 자동차 결함으로 교환 혹은 환불받기가 얼마나 어려운지 알 수 있다. 이 기관의 조사에 따르면 신차 구입 후 1년이 지나지 않은 소비자들이 차량 결함으로 신고한 131건 중 단 5%만이 교환이나 환불 처리를 받았다고 한다. 도로를 주행할 때 시동이 꺼지거나 걸리지 않는 경우, 주행 중 핸들 잠김, 불안하게 치솟는 RPM, 이상 소음, 심한 차체 떨림, 브레이크 잠김 방지장치 등 제어장치 이상, 배터리와 타이어 등 차량 부품 하자, 도색 불량 등의 불만이 제기됐지만 대부분 교환이나 환불을 받지 못했다.

그렇다고 문제가 생긴 차를 떠안고 있을 수는 없다. 컨슈머리서치의 조사 결과에서 오히려 눈여겨봐야 할 것은 교환이나 환불을 받은 5%다. 많지는 않지만 교환 혹은 환불을 받은 경우가 전혀 없지는 않다는 것.

일반적으로 고장이 발생하면 가장 먼저 제조사의 정비공장을 찾는다. 새 차인 만큼 당연히 소비자 부담 없이 보증수리를 받게 된다. 이때 반드시 정비명세서를 요구해 받아두는 것이 중요하다. 어떤 문제가 있었고, 어떤 정비를 했는지가 그 안에 나와 있기 때문이다.

정비명세서의 확보는 차후 문제가 반복될 때 차의 정비이력을 확인받을 수 있는 강력한 증거가 되기 때문에 정비명세서를 주지 않는다면 적극적으로 요구해 반드시 받아둬야 한다. 간혹 회사의 내부 문서라는 핑계를 대며 정비명세서를 주지 않는다면 뭔가 이상이 있는 것으로 판단할 수 있다. 만일 끝까지 정비명세서 발급을 거부할 경우 영수증, 견적서 등의 관련 서류를 잘 보관하고 수리 내역을 적어둬 차후 문제 발생에 대비해둬야 한다.

2005년도에 개정된 자동차 관련 소비자피해보상규정(재정경제부 고시 제2005-21호)은 다음과 같은 경우 제품을 교환 혹은 환불해줄 것을 규정하고 있다. 차량인도일로부터 1개월 이내에 주행 및 안전도 등과 관련한 중대한 결함이 2회 이상 발생하였을 경우, 또는 1년 이내에 주행 및 안전도 등과 관련한 중대한 결함이 발생하여 동일하자에 대해 3회까지 수리하였으나 하자가 재발(4회째)한 경우다.

과거에는 엔진장치, 미션장치, 조향장치, 제동장치 등 네 개 장치에 발생된 하자의 경우에만 교환 또는 구입가 환급 규정이 적용됐지만, 법 개정으로 하자 발생 부위와 관계없이 중대한 결함이 발생되면 적용받을 수 있도록 범위가 확대된 것이다. 하지만 어디까지를 중대한 결함으로 봐야 하는지에 대한 명확한 규정이 없다는 점은 문제다. 소비자와 차를 판매한 업체 간에 중대한 결함인지 아닌지에 대한 의견이 갈릴 경우 분쟁을 피할 수 없는 것.

이와 관련한 최근 법원의 판결은 고무적이다. 한 소비자가 "새로 구입한 수입 승용차의 속도계가 작동하지 않으니 새 차로 바꿔달라"며 수입차 판매사를 상대로 낸 소송에서 서울중앙지법 민사합의16부는 "자동차 계기판 전체를 교체해야 하는 하자를 대수롭지 않다고 할 수 없고, 다른 자동차로 교환해준다고 해서 피고 측에 지나친 불이익이 생기지도 않는다"며 자동차 판매사에 "하자 없는 새 자동차로 바꿔줄 의무가 있다"고 원고 승소 취지의 판결을 했다.

이 소비자는 차를 구입한 지 5일 만에 계기판이 고장 나 계기판 전체를 교체해야 한다는 진단을 받자 차량 교환을 요구했고 판매사가 보증수리로 계기판을 보수해주겠다며 교환을 거부하자 소송을 냈다.

교환이나 환불을 반드시 받아야겠다면 한국소비자원에 호소해 도움을 받거나 비슷한 피해를 겪은 경우들을 알아보고 공동 대응하는 방안을 모색해보는 것도 한 방법이다. 최근에는 집단소송을 통해 문제를 해결하려는 시도도 나타나고 있다.

대기업을 상대로 일반 소비자가 소송에 나서는 것은 경제적으로나 정신적으로 큰 부담이 되는 것은 사실이지만 그렇다고 소송을 피해선 안 된다. 최후의 경우 소송도 불사한다는 자세로 대응해야 한다. 앞서 살펴본 사례들이 이를 잘 말해주고 있다.

사실상 가격을
인하했습니다

자동차회사들이 새 모델을 출시하면서 흔히 "사실상 가격을 인하했다"고 한다. 신차를 출시하면서 차 가격을 100~200만 원을 올려놓고는 이런저런 편의사양을 300만 원어치 추가했으니 사실상 가격은 100~200만 원 내린 것이라는 셈법이다.

예를 들어 기아차 카렌스를 보자. 이 차의 안전 및 편의 장치는 화려하다. 차체자세 제어장치VDC와 속도감응형 전동식 파워 스티어링MDPS을 통합 제어해 차량의 안정적인 자세를 유지하는 차세대 VSM이 적용됐고, 타이어 공기압 경보장치TPMS, 여섯 개의 에어백 등이 더해졌다. 주간전조등LED DRL, 차선이탈 경보시스템LDWS, 코너링램프 등 차급에 비해 다소 사치스러워 보이는 옵션까지 과감히 적용했다. UVO 기능을 적용한 8인치 내비게이션, 스티어링의 반발력이 상황에 따라 변하는 플렉스스티어, 주차조향 보조시스템SPAS, 전자식 파킹브레이크EPB, 2열수동선 커튼, 웰컴시스템, 열선 스티어링휠(핸들) 등도 카렌스에서 만나볼 수 있는 장비들이다.

그래서 정해진 카렌스의 가격은 최저 1800~2750만 원이다. 새로 추가된 장비들의 가치를 고려하면 차급마다 5~105만 원 가격을 내린 셈이라는 게 회사측의 주장이다.

하지만 실제 가격은 올랐다. 이전 모델의 경우 이 차의 가격은 1725~2120만 원이었다. 이전에는 1725만 원을 주면 카렌스를 샀지만 이제는 1800만 원은 줘야 한다는 말이다. 게다가 신형 카렌스는 이전 모델에 있었던 최저가격대의 트림trim(등급)을 없애고 이전 모델보다 더 비싼 노블레스 트림을 추가했다. 그 결과 가격대는 이전 모델보다 훨씬 높아졌다.

이 경우 카렌스의 가격은 오른 걸까 내린 걸까. 자동차회사는 내렸다는 말 대신 "실질적으로 내린 셈"이라 하고, 소비자들은 올랐다고 느낀다. 누구의 관점으로 봐야 할까. 대답은 분명하다.

현대기아차의 이런 행태를 다른 업체들은 은근히 반긴다. 선두 업체가 가격을 끌어올리면 나머지 업체들도 슬그머니 따라서 가격을 올릴 수 있어서다. 피해는 고스란히 소비자들의 몫이다.

신차 출시는 곧 가격인상이라는 공식이 시장을 지배하면서 국내 자동차 가격은 꾸준히 오르고 있다. 2004년식 쏘나타 가격은 1689만 원부터였다. 2013년식은 2040만 원부터다. 9년 만에 20%

이상 올랐다. 르노삼성 SM5는 더하다. 같은 기간 SM5는 최저가격 기준 1669만 원에서 2220만 원으로 33% 이상 가격이 올랐다.

물론 가격이 무조건 오르기만 하는 것은 아니다. 한국지엠은 '2014 G2 크루즈'를 출시하면서 가격을 이전보다 128만 원 낮춘 1683만 원으로 책정했다. 물론 이 경우는 기존 최저등급 모델보다 아래 등급 모델을 추가하면서 가격이 낮아진 사정이 있다. 어쨌든 소비자들은 이전보다 낮은 가격에 크루즈를 탈 수 있게 됐다.

현대차 역시 2013년 들어서면서 쏘나타, 제네시스, 제네시스 쿠페, 싼타페, 베라크루즈 등의 가격을 최대 100만 원까지 내렸고, i40, i30, 벨로스터 등의 2014년식 모델의 가격도 다시 낮췄다. 기아차도 K9의 가격을 내렸고, 한국지엠 역시 스파크, 크루즈, 말리부, 캡티바, 알페온의 가격을 내렸다. 이들이 가격을 낮추는 이유는 의외로 단순하다. 팔리지 않는 모델 혹은 좀더 많이 팔아야 하는 차종 가격을 내려 판매율을 올리겠다는 것이다.

수입차인 렉서스는 2013년 6월 신형 IS250 모델을 출시하면서 판매가격을 기존보다 10만 원 낮춘 4790만 원으로 결정했다. 신차 출시는 곧 가격인상이라는 공식을 깨버린 것. 이전 모델보다 훨씬 더 좋은 성능, 더 많은 기능으로 무장한 풀체인지 모델을 이전 모델보다 낮은 가격으로 내놓은 것이다. 인하된 가격이 10만 원에 불과해 좀더 화끈하게 내렸으면 하는 아쉬움은 남지만 어쨌든 가격을 내렸다.

약속된 시간에 아들에게 숙제 다 했느냐고 물어보면 "거의 다 했다"고 답할 때가 있다. 이때 나는 이렇게 다시 묻는다. "거의

다 했다는 건 다 한 거냐 아니냐." 정해진 시간이 다 됐을 때 "거의 다 했다"는 말은 "안 했다"는 말과 같다. "사실상 내렸다"라는 말이 "올렸다"와 같은 말인 이유다. 소비자들은 이런저런 설명과 미사여구, 그리고 전제 조건 없이 그냥 가격을 내린 차를 원한다.

순정부품을 써야
고장이 안 납니다

"순정부품은 자동차 제조 시 사용된 부품과 동일한 품질로 설계 요구사항을 만족시키는 제품으로서 자동차 제조사가 인증하고 책임 공급하는 부품을 말한다." 현대모비스가 자사 홈페이지에서 정의한 순정부품의 정의다.

많은 소비자들은 차량 수리 시 반드시 순정부품을 써야 하는 것으로 알고 있다. 순정부품은 믿을 수 있고 일반 부품은 믿을 수 없다는 것이다. 하지만 그렇지 않다. 똑같은 제품이 순정부품으로도 팔리고 일반 부품으로도 팔린다. 상신브레이크에서 만든 브레이크패드가 현대모비스를 거쳐 유통되면 순정부품이고, 일반 카센터를 통해 유통되면 일반 부품이 된다. 동일한 제품이지만 현대모비스의 순정부품 딱지 하나가 있고 없음에 따라 순정인지 아닌지 갈리는 것이다. 여기에 일반 부품과 다를 게 없는 순정부품이 딱지 하나 더 붙어서 일반 부품보다 훨씬 비싼 가격에 공급되는 것이 현실이다.

지난 2010년 한국소비자원이 500명을 대상으로 설문조사한 결과를 살펴보면 순정부품에 대한 소비자들의 인식을 살펴볼 수 있다. 우리가 흔히 순정부품으로 알고 있는 OEM 부품을 '정부공인기관이 품질검사를 하고 품질을 인증한 부품'으로 잘못 알고 있는 비율이 27.2%에 달했다. '부품제조업체'(4.4%)나 '민간인증기관에서 인증하는 제품'(1.4%)으로 오인하고 있는 비율을 합하면 총 33%나 잘못 알고 있는 것으로 나타났다. '자동차 제조사가 품질을 인증하고 책임 공급하는 부품'으로 제대로 알고 있는 이들도 67%로 많았지만, 문제는 순정부품에 대해 잘못 알고 있는 이들이 생각보다 많다는 데 있다.

그런데도 자동차회사에서는 반드시 순정부품을 사용해야 한다고 강조하고 있다. 연애소설에나 나올 법한 아름답고 고귀하고 깨끗한 이미지를 가진 '순정'이라는 단어를 사용해 순정부품은 좋은 것이고, 비순정부품은 나쁜 것이라는 그릇된 이미지를 만들어내고 있는 것이다.

순정부품이라는 말 대신 '제조사 인증 부품'이라는 말을 사용하면 그 의미가 더 정확해져 소비자에게 혼란을 주지 않는다. 그러므로 자동차회사는 더 이상 순정부품이란 말을 사용하지 말고 '제조사 인증 부품'이라는 말로 바로잡아야 한다.

정부의 역할도 중요하다. 시장을 실질적으로 지배하고 있는 대기업인 자동차회사들의 눈치를 볼 수밖에 없는 부품제조사들이 마음 놓고 자사 제품들을 유통시킬 수 있는 시스템을 갖추도록 지원하고, 소비자들이 좀더 편하고 거부감 없이 일반 부품을 사용할 수 있게 해야 한다. 소비자와 부품제조사 모두가 이익이 되는 길이기 때문이다.

부품의 성능과 품질을 검사하고 인증하는 기관의 설립도 중요하다. 이 기관은 소비자들이 믿을 수 있도록 품질 기준을 제시하고 관리하는 소임을 맡아야 한다. 무엇보다 먼저 해야 할 일은 '순정'이라는 말을 쓰지 못하게 해야 한다. 순정부품이라는 말만 사라져도 일반 부품에 대한 소비자들의 인식은 훨씬 좋아질 것이기 때문이다.

하지만 순정부품에 맛을 들인 자동차회사에서는 아예 용품에까지 '순정' 딱지를 붙이고 있다. 대표적인 곳이 현대모비스다. 현대기아차에 납품되는 모든 자동차 부품은 현대모비스를 통해 공급된다. 한국의 대표적인 자동차 부품기업으로 현대기아차는 물론 세계 유수의 자동차회사에 부품을 공급하는 굴지의 기업이다. 2012년 매출이 30조 원을 넘기는 이 회사가 자동차 용품사업까지 손을 대고 있다.

이 회사 온라인 판매 사이트인 모비스존에서는 각종 왁스, 매트, 시트, 보디커버, 원격시동기, 범퍼가드, 캐리어 등 자질구레한 용품들을 직접 소비자들에게 온라인으로 판매하고 있다. '순정부품'이라는 이름을 내세워 자사 제품을 쓰지 않으면 큰일 날 것처럼 호들갑을 떠는 것도 부족해 용품에까지 '순정' 딱지를 붙여 팔고 있으니 참 한심한 일이다.

모비스존에서 판매하고 있는 방향제, 핸들커버 같은 용품들은 부품과 달리 완성차에 적용되지 않는 제품들이다. 즉 자동차회사에서 말하는 '순정'이라는 말을 용품에는 더욱 적용할 수 없음에도 불구하고 소비자들을 현혹하고 있다.

그뿐 아니다. 용품 판매에 눈이 멀어 안전에 치명적인 제품까지 버젓이 팔고 있다. 속칭 꺾기핸들로 불리는 파워핸들은 원래 장애인용 보조핸들로 개발된 것이다. 팔이 부자연스럽거나 한쪽밖에 없는 장애인이 한 손으로 핸들을 편하게 움직이게 하기 위해 사용되는 제품이다. 하지만 충돌사고가 나면 핸들에 붙은 파워핸들이 인체에 직접적인 피해를 주기 때문에 안전에는 치명적인 문제를 안고 있는 제품이기도 하다. 그런 제품을 한국 최고의 자동차 부품기업인 현대모비스가 일반인에게, 특히 초보운전자 및 여성운전자에게 권하고 있는 것이다. 안전에 문제가 있다는 사실은 현대모비스도 이를 알고 있다. 시속 40km 이상에서는 사용하지 말 것과 잘못된 사용으로 인한 피해는 책임지지 않는다는 경고 문구까지 적어둔 것을 보면 알 수 있다.

자동차를 만들지만 않을 뿐 중요한 기술을 개발하고 부품을 생산, 유통하는 등 한국의 자동차 산업에서 핵심 역할을 하는 이 중요한 회사가 용품사업까지 나서고 있는 건 재고해볼 문제다. 이런 자동차 대기업들의 용품사업은 골목상권을 넘보는 대형 마트들과 하나도 다르지 않다.

사실은 장황하게 얘기할 게 아니다. 자동차 용품사업은 모비스 같은 대기업이 할 일이 아니다. 규모가 작은 기업체들이 제조하고 판매해도 충분한 분야다. 대단한 기술이 없어도, 큰 자본이 아니어도 할 수 있는 중소기업 적합 업종이 바로 이런 분야다.

꺾기핸들 안 판다고 30조 원 넘는 회사의 매출이 얼마나 줄어들 것인가. 현대모비스의 용품사업은 접는 게 낫다. 중소기업, 동네 카센터, 자동차 용품점도 먹고살아야 하지 않겠는가. 토끼가 먹을 풀까지 호랑이가 욕심내서야 어디 호랑이라고 할 수 있을까. 토끼가 먹을 풀을 뺏어 먹는 호랑이. 딱 지금의 현대모비스다.

여유롭고 편안하게
시승하고 결정하세요

자동차회사들이 가장 심혈을 기울이는 프로모션 행사 중 하나가 시승행사다. 전시장을 찾아온 고객을 상대로 차를 운전하게 하고 옆에는 영업사원이 동승해 장점을 시시콜콜 얘기해준다. 메시지는 시종일관 "좋은 차다, 사라"인 거다.

　하지만 시승을 통해 소비자들이 얻을 수 있는 정보는 그리 많지 않다. 시승이라고 해봐야 아주 길게 잡아도 한 시간가량 시내를 달려보는 정도다. 타보니 좋더라는 정도의 느낌을 받을 뿐이다. 그나마 내가 구입하려는 모델을 시승할 수 없는 경우가 더 많다. 국산차의 경우 워낙 판매 모델이 많아서 수많은 영업소에서 모든 시승차를 구비하기란 불가능하다. 일부 자동차회사에서 운영하는 시승센터 역시 마찬가지다. 수많은 모델들 하나하나를 시승차로 준비하지 않는다. 소비자 입장에서는 내가 원하는 바로 그 모델을 시승하기가 쉽지 않다는 말이다.

일반적인 운전자라면 시승을 통해 얻을 수 있는 것은 첫인상 정도다. '조용하다, 편안하다, 잘 달린다'는 느낌을 받는 것. 이런 저런 편의장치, 때로는 신기한 기술 정도를 잠깐 경험하는 수준에서 시승을 마무리하게 된다.

빨라야 시속 100km 전후의 속도로 달린다고 가정하면 나쁜 차를 찾기 어렵다. 거의 대부분의 차들이 이 속도에서는 시끄럽지 않고, 차창을 가르는 바람소리도 제대로 느껴보기 힘들다. 성능을 강조하는 많은 차들의 성능을 제대로 느껴보기엔 시승 환경은 제약이 너무 많다. 가속페달을 조금만 깊게 밟아도 옆에 앉은 영업사원이 "고객님, 살살"을 외친다. 그 말에 신경 쓰지 않고 마음대로 운전하다가는 운전석에서 내려야 할지 모른다.

과거에 고객을 가장해 일선 영업소들을 찾아 시승을 했던 적이 있다. 10분 정도 영업소 주위의 도로를 달려보는 게 거의 대부분이었다. 수입차의 경우, 내가 속도를 좀 내자 동승한 영업사원이 사색이 되면서 "이러시면 안 됩니다"라고 하더니 나중에는 화를 낼 지경까지 갔다. 편안한 시승을 할 수 있는 상황이 아니었다.

일선 영업소에서 진행되는 시승은 그렇다. 당연하다. 차를 파는 입장에서는 제대로 된 시승을 원하는 게 아니라 좋은 첫인상을 준 뒤 차를 파는 게 목적이다. 그럼에도 불구하고 잠깐 동안의 시승을 통해서도 제법 많은 정보를 알아낼 수 있는 방법은 있다.

사려는 차가 정해졌거나 한두 모델로 압축이 됐다면 근처 영업소를 통해 시승을 요청한다. 원하는 시승차가 없을 수도 있다. 이럴 때는 원하는 차를 탈 수 있도록 협조해줄 것을 미리 영업사원이나 영업소 측에 요청한다. 그렇게 준비된 차를 타볼 때에는 다음의 몇 가지 체크 포인트를 참고하자.

● 디자인

디자인은 자동차를 이루는 구성요소 중 가장 감성적인 부분이다. 남들이 지적하는 부분도 내가 보기엔 괜찮거나 아주 좋을 수도 있는 게 바로 디자인이다. 전체적인 인상, 균형, 컬러, 이런 부분도 좋겠지만 마음을 비우고 차를 바라볼 때의 내 느낌도 매우 중요하다. 아무 생각 없이 차를 바라보면서 내 감정의 흐름을 느껴보면 좋을 것이다.

● 핸들

운전석에 앉으면 시동을 건 뒤 핸들을 완전히 돌렸다가 반대편으로 감아본다. 대부분 차들의 핸들은 3회전한다. 조향 성능과 승차감을 조화시키는 가장 적절한 세팅이다. 3회전 이상 한다면 조향 성능을 조금 무디게 하고 대신 편안한 승차감에 더 중심을 둔 차라고 보면 된다. 밴, 일부 SUV가 이런 특성을 보인다. 핸들이 3회전에 못 미친다면, 즉 2.5~2.7회전을 한다면 조향 성능이 조금 더 예민한 차로 볼 수 있다. 핸들을 조금 덜 돌려도 차는 방향 선회를 크게 하는 것이다. 스포츠 세단들이 이런 경우에 해당한다.

● 마감

핸들을 점검했다면 손을 쭉 뻗어 천장과 앞 유리창이 만나는 부분을 쑤셔본다. 의외로 이 부분이 허술하게 마감된 차들이 많다. 손가락이 드나들 정도로 틈새가 벌어져 있거나, 마감을 하다 만 듯 재질의 거친 단면이 드러나 손끝으로 느껴지는 경우가 있다. 틈새가 균일하지 않거나 떠 있으면 바람이 차체를 가르는 소리가 이런 틈새로 파고들게 마련이다. 마무리가 깔끔하지 않으면 어느 정도 시간이 지난 뒤 이음새가 뜨거나 망가질 가능성이 크다. 일반 중소형차라면 그나마 이해가 되지만 스스로 프리미엄 운운하며 고급임을 자처하는 차들 중에도 이런 경우가 있다. 이럴 땐 고급차는 아니라고 판단하면 된다.

● 소음

성능을 평할 때 소음은 매우 중요한 요소다. 무조건 조용한 걸 최고로 치는 사람도 있지만 적당한 소음을 즐기는 다른 취향의 사람들도 있다. 차의 성격에 맞게 판단할 일이다. 스포츠 세단이라면 적당한 엔진 소리가 오히려 매력일 수 있다. 시동을 걸고 출발한 뒤 속도를 올리면서 엔진의 소리를 주의 깊게 듣는다. 속도와 함께 엔진 회전수를 알려주는 RPM 게이지를 보면서 엔진 및 차의 각 부분에서 나는 소리를 체크한다. 바람이 차체를 가르는 소리는 고속에서 크게 들린다. 어느 정도 속도에서부터 이 소리가 도드라지는지 살펴보면 재미있다. 일반적으로 시속 100km 이상부터, 방음 대책에 신경을 많이 쓴 차들은 시속 120km를 넘기면서 바람소리가 들린다. 시속 100~120km 구간에서 비교적 조용하다는 느낌이 든다면 방음이 우수한 편으로 판단할 수 있다. 바람소리는 앞 차창과 사이드미러 주변에서 많이 발생한다. 뒤타이어에서 발생한 타이어 소음과 도로 소음이 실내로 파고드는 경우도 많다.

● 순발력

성능을 중요하게 여기는 사람들은 차의 순발력에 큰 관심을 기울인다. 즉, 얼마나 빨리 속도를 높일 수 있느냐, 얼마나 빠르게 추월할 수 있느냐를 따지는 것이다. 엔진의 힘과 변속기의 기어비, 차량 무게 등이 종합적으로 어우러져 나타나는 성능이다. 가속페달을 밟는 순간에 나타나는 차의 반응을 유심히 살피면 순발력이 어느 정도인지 알 수 있다. 하지만 순발력이 빠른 차는 일반적으로 연비가 좋지 않다는 점도 알아야 한다.

● 충격

동네 골목마다 수없이 자리한 과속방지턱을 지날 때에는 차체의 움직임을 느껴본다. 턱과 부딪히는 순간, 타고 넘는 순간, 지난 뒤의 잔진동 등으로 구분해서 전해오는 충격을 살피면 차가 어느 정도 충격을 흡수하는지 알 수 있다.

차의 성능은 운전자의 감성이 먼저 느낀다. 고속으로 달리면서도 운전자가 느끼는 불안감이 덜한 차가 있는가 하면 별로 빠르지도 않은 속도인데 아주 불안한 차도 있다. 이 같은 느낌 차이는 특히 코너에서 극단적으로 갈린다. 빠르면서도 크게 불안감을 주지 않는 차야말로 잘 만들어진 좋은 차라 할 수 있다.

차를 세워놓고 구석구석 차를 잘 살펴보는 것은 시승할 때 매우 중요하다. 차를 타보고 마음으로 차의 반응을 느껴보는 것만으로도 훌륭한 시승이 될 수 있다.

시승을 제대로 하고 나면 그 차의 성격과 가치 등에 대해 스스로의 판단이 서게 된다. 차를 사야 할지 말아야 할지에 대한 결정도 자연스럽게 내리게 된다. 마음껏 타볼 수는 없어도 마음에 드는 차는 고를 수 있는 노하우가 생기는 것이다.

2014년형, 먼저 만나세요

2014년형 모델이 2013년에 팔린다. 2014년은 아직 오지도 않았는데 자동차 시장에는 2014년형을 팔고 있다. 모두가 당연하게 받아들이는 일이지만 곰곰이 생각해보면 이런 거짓말이 없다.

자동차 업계의 가장 큰 이슈는 늘 신차다. 새 모델이 언제 어떤 모습으로 얼마의 가격에 출시되는지는 가장 큰 뉴스거리다. 소비자들의 관심도 높다. 새 차가 나오는 시기에 맞춰 구매계획을 짜는 이들도 많다.

새 차의 종류는 풀체인지, 마이너체인지, 이어year모델 정도로 나눌 수 있다. 풀체인지는 말 그대로 자동차가 완전히 바뀌는 경우다. 디자인은 물론 엔진변속기까지 완전히 다른 차로 만들어내놓는 것. 풀체인지를 거치면 자동차의 역사는 한 세대를 넘어가게 된다.

마이너체인지는 부분변경 모델이라 할 수 있다. 전체적인 큰 틀은 유지한 채 디자인이나 주요 부품을 손보는 정도의 변화를 말한다. 부분적인 디자인 변경을 시도하는 페이스리프트face lift도 마이너체인지에 포함할 수 있다.

이어모델은 연식변경 모델이다. 소비자들의 구매욕구를 자극하기 위해 해마다 상품 구성을 조금씩 변경해 차별화한 모델을 내놓는 것. 문제는 이어모델들이 늘 한 해 먼저 나온다는 데 있다.

2013년형이 나왔던 2012년은 특히 심했다. 기아차가 신형 엔진을 얹은 K5 2013년형을 내놓은 것은 2012년이 시작한 지 정확히 38일 만이었다. 같은 엔진을 장착한 현대 쏘나타는 하루 전인 2012년 2월 6일 '쏘나타 상품개선 모델'로 소개됐다. 똑같이 신형 엔진을 장착한 모델을 선보이면서 기아차는 '2013년형'으로, 현대차는 '상품개선 모델'로 이름을 지은 것. 기아차의 2012년은 38일 만에 끝이 난 것이다.

뒤돌아보면 현대차도 크게 다르지 않았다. 현대차는 2010년 4월 1일에 2011년형 투싼ix를, 2011년 3월 7일에는 2012년형 제네시스와 에쿠스를 발표한 바 있다. 2013년에도 예외는 아니어서 4월에 기아차는 2014년형 쏘울을 발표했고, 르노삼성도 2014년형 QM5를 선보였다. 한국지엠 크루즈도 이 대열에 합류했다. 자동차회사들은 한 해를 일찍 살아가는 셈이다.

내년 모델을 한 해 먼저 내놓는 것은 사실 업계의 오랜 관행이다. 세계적으로도 그렇다. 하반기에 접어들거나 연말에 내년도 모델을 내놓으며 '최신'의 이미지를 강조하는 것이다. 그렇게 조금씩 일찍 다음해 모델을 내놓다보니 급기야 새해가 시작해 한 달 지난 2월 초에 다음해 새 모델을 출시하기에 이르렀다.

이어모델 인플레이션이 이처럼 점점 심해지는 것은 문제다. 2013년에 출시하는 차를 2014년형으로 이름 짓는 것은 소비자들을 현혹하는 일이다. 과장이나 미화를 넘어 거짓말일 수도 있는 표현이다. 늘 그래왔으니 아무 문제가 아니라는 건 소비자들을 무시하는 태도다.

물론 자동차회사의 입장을 이해하지 못하는 바 아니다. 수십 종의 라인업을 거느린 회사 입장에서는 각 모델들의 출시 시기를 맞추다보면 1년 열두 달이 부족할 것이다. 각 모델마다 이어모델을 내놓다보면 매달 두세 종의 연식변경 모델을 발표해야 한다.

그래도 소비자가 먼저다. 소비자들이 헷갈릴 수 있고 잘못 이해할 수 있는 연식표기는 조심해야 한다. 자동차회사가 말하는 2014년형 모델을 사도 자동차등록증에는 출고날짜를 기준으로 2013년식으로 표기된다. 소비자 입장에선 찜찜한 일이다. 사기당한 기분이 들 수도 있다. 이제 소비자 기준으로 판단하고 정보를 제공하는 게 맞다. 자동차 연식표기 인플레이션은 이제 자제해야 마땅하다. 이와 관련한 사회적 합의가 필요한 때다.

경차라서 연비는
20km/L 가까이 되죠

기아차 레이의 공인연비는 17km/L다. 하지만 2013년부터 바뀐 새로운 연비 규정을 적용하자 이 연비는 13.5km/L로 크게 떨어졌다. 연비가 20% 이상 나빠진 것. 새 연비 규정이 실제 주행 상황에 가깝게 강화된 때문에 연비가 나빠지는 게 당연하다고 받아들인다 해도 20% 이상 연비가 나빠진다는 것은 그동안 연비 부풀리기가 심했다는 것을 보여주는 결과다.

소비자들이 자동차에 대해 가장 믿지 못하는 부분 중 하나가 연비다. 자동차회사에서 발표하는 공인연비가 소비자들이 직접 체감하는 실제연비에 크게 못 미쳐 '뻥연비'라는 말이 나올 정도다. 급기야 정부가 나서 새로운 연비 기준을 만들기에 이르렀다.

2013년부터 적용된 새로운 기준에 맞춰 자동차 제조사들이 발표한 신연비를·보면 그동안 소비자들이 비난했던 부분이 어느 정도 사실이었음을 알게 된다. 기아 모닝의 경우 19km/L이었던 구연비가 새 기준을 적용했더니 15.2km/L로 크게 떨어졌다. 차는 하나도 변하지 않고 이전이나 이후나 똑같은데 기준을 바꿨더니 이 같은 결과가 나온 것이다. 이를 보면 이전의 연비 기준이 자동차회사들에게 얼마나 후했는지 알 수 있다.

다른 회사도 크게 다르지는 않다. 현대 쏘나타 2.0의 경우 14km/L에서 11.9km/L로, 쉐보레 캡티바 2.0은 14.1km/L에서 12.7km/L로 떨어졌다. 쉐보레 아베오는 14.8km/L에서 14.2km/L로 감소폭이 가장 작았다. 정도의 차이는 있지만 거의 모든 차들의 연비가 이전에 비해 떨어지는 것으로 드러났다. 매우 이례적으로 연비가 더 좋아진 경우도 있다. 쉐보레 알페온 3.0은 9.3km/L에서 9.4km/L로 오히려 연비가 더 좋아졌다.

자동차회사별로 살펴보면 더 재미있는 결과가 나온다. 한국지엠 쉐보레의 경우 이전 연비에 비해 평균 6.6% 정도 연비가 나빠진 것으로 나온다. 그나마 가장 양호한 수준이다. 현대자동차는 13%가 악화됐고, 기아자동차는 무려 15.4%나 빠졌다. 강화된 연비 기준이 각 회사에 공통적으로 적용되는 만큼 모든 회사가 비슷한 수준으로 연비가 나빠져야 하지만 드러난 현실은 그게 아니다. 반대로 풀어보면 그동안 어느 자동차회사의 '뻥'이 더 컸는지 드러난 셈이다.

연비표시제도는 2013년 하반기부터 또 한 차례 변화가 예고돼 있다. 실제 연비와 더 근접하게 새로운 연비계산식을 도입한다는 것이다. 연료에 포함된 탄소 값을 반영해 연비를 더 엄격하게 표시토록 한다는 것이다. 이 제도가 시행되면 연비는 다시 2~4%가량 더 떨어질 것으로 예상된다. 아반떼를 예로 들면 예전 16.5km/L이었던 연비가 2013년 초에는 13.9km/L로 떨어지고, 하반기에 새로운 연비표시 기준이 도입되면 13.3km/L로 낮아진다.

연비표시에 대한 관리와 처벌도 강화된다. 정부는 새로운 연비 기준을 발표하면서 연비표시의 허용오차 범위를 ±5%에서 ±3%로 조정했다. 더욱 엄격한 기준을 적용하겠다는 의지다. 이를 위반하면 최고 10억 원의 과징금을 부과한다. 이전엔 500만 원의 과태료가 전부였다. 금액만으로 본다면 200배나 늘었다.

자동차회사들의 고민도 커졌다. 느슨했던 연비표시 기준이 점점 강화되고 있고 이전과 비교할 수 없을 만큼 강력한 처벌 조항까지 있으니 따르지 않을 수 없어서다. 소비자들에겐 환영할 만한 뉴스다. 뻥튀기한 연비에 그동안 속아왔지만 이제는 실제 생활 속에서 느끼는 연비에 근접한 연비 정보를 얻을 수 있게 됐다. 하지만 그래도 소비자 개개인이 느끼는 연비는 자동차회사에서 공식 발표하는 연비와 차이가 생길 수밖에 없다. 각각의 주행 환경이 다르기 때문이다.

예를 들어 같은 차를 타더라도 시내에서 출퇴근하는 차와 고속도로 주행 비중이 높은 차와는 연비 차이가 크다. 도심에서 짧은 거리를 자주 다니는 차는 자동차회사 발표 연비와 큰 차이를 보일 수밖에 없다. 이 때문에 자동차회사는 도심연비와 고속도로 연비를 따로 표기하고 이를 다시 계산해 복합연비를 밝힌다. 따라서 도심 주행이 많다면 복합연비나 고속도로 연비를 보지 말고 도심연비에 주목해야 한다.

따라서 차를 고를 때 자신의 운전 환경을 먼저 분석해볼 필요가 있다. 장거리 운전이 많다면 연비는 매우 중요하다. 연료비까지 감안하면 연비가 좋은 디젤차를 고려해볼 만하다. 하지만 가다 서다를 반복하는 시내 주행이 대부분이라면 연비는 크게 중요하지 않다. 어차피 좋은 연비가 나오지 않기 때문이다.

운전 습관은 연비, 즉 돈과 직결된다. 나는 이를 매일 체감한다. 직업상 많은 시승차를 타는데 내 차를 탈 때와 시승차를 탈 때에 운전 패턴이 크게 다르다. 기름을 가득 채운 상태로 넘겨받은 시승차를 운전할 때에는 아무래도 속도를 내고, 가끔은 거칠게 차를 다루기도 한다. 차의 성격을 파악하기 위해서는 반드시 필요한 과정이지만 연료는 많이 소모된다. 하루 이틀 사이에 연료통을 거의 비우게 된다.

내 돈 주고 연료를 채운 내 차를 탈 때에는 매우 얌전해진다. 가속페달을 깊게 밟는 일은 거의 없다. 차가 탄력을 받았다면 가속페달에서 아예 발을 떼기도 하고 고속도로를 달릴 때에는 시속 100km에 맞추고 정속주행을 즐긴다. 핸들을 크게 돌리거나 급제동을 하지도 않는다. 당연히 연비는 좋게 나온다.

가속페달을 밟는 건 지갑을 여는 것과 같다. 활짝 열어 마음껏 써젖힐 것인지 아주 조금만 열고 자린고비가 될 것인지는 운전자가 판단할 일이다.

쏘나타 하이브리드카가
젖소보다 친환경적입니다

젖소는 하루에 7890g의 탄소를 배출한다. 현대차의 쏘나타 하이브리드는 1km당 111g의 탄소를 뱉는다. 어느 쪽이 친환경일까.

현대차가 지난 2011년 6월 이 둘을 비교하는 내용으로 하이브리드카를 광고했다가 큰코다쳤다. 광고 내용은 이렇다. 평화로운 농장에서 젖소의 젖을 짜는 할아버지가 갑자기 얼굴을 찡그린다. 젖소가 방귀를 뀐 것. 젖소가 하루에 배출하는 탄소가 7890g, 쏘나타 하이브리드가 1km를 달릴 때 나오는 탄소는 이보다 적은 111g이라는 자막이 나온다. 쏘나타 하이브리드가 훨씬 더 친환경적이라는 메시지를 전하려고 했던 광고다.

하지만 과연 그런가. 누구나 조금만 더 생각해보면 고개를 갸

우뚱할 수밖에 없는 비교다. 젖소가 하루 종일 배출하는 탄소량과 쏘나타 하이브리드카가 달랑 1km 달릴 때 나오는 탄소량을 단순 비교했기 때문이다.

젖소와 쏘나타 하이브리드의 탄소배출량을 비교하는 일은 각자의 입장에 따라 얼마든지 변형이 가능하다. 하이브리드가 평균 시속 60km로 하루 종일 달린다면 젖소보다 20배에 가까운 탄소를 배출하게 된다. 하이브리드카가 약 71km 정도를 달리면 젖소의 하루 배출 탄소량과 같아진다. 1시간~1시간 30분 정도 달리는 거리다. 교통안전공단이 발표한 2011년 우리나라 자가용의 하루 평균 주행거리 32.7km를 적용하면 하이브리드카는 3629.7g의 탄소를 배출하는 것으로 계산된다. 젖소의 절반쯤 되는 셈이다.

변수는 더 많다. 전국의 소 사육두수와 하이브리드카 보급대수를 적용해 이들이 배출하는 탄소의 총량을 비교해야 한다거나 더 나아가 전세계적인 관점에서 이를 판단해야 한다는 의견도 있을 수 있다. 어떤 기준을 적용하는가에 따라 다른 결과가 나온다. 단순하게 비교할 수 없는 상대를 끌어들인 결과다.

낙농업계가 발끈하고 나서면서 이 광고는 오래가지 못했다. 공정한 비교가 아니었던 데다가 불매운동으로까지 번질 조짐을 보이자 현대차는 서둘러 이 광고를 내렸다. 하이브리드카가 젖소보다 탄소배출을 적게 해 친환경이라는 메시지를 전하려 했던 현대차의 의도는 실패하고 말았다.

기아차는 카니발에 있지도 않은 커튼 에어백이 있는 것처럼 광고를 하다 들통이 난 일이 있었다. 2011년의 일이다. 카니발 9인승과 리무진 브로슈어에는 1~3열 커튼 에어백이 있다고 나와 있었으나 3열에는 없었던 것. 이와 관련해 27명의 소비자들이 기아차를 상대로 손해배상 소송을 냈다.

기아차는 허위광고로 손해를 본 소비자들에게 에어백을 달아주거나 현금을 지급하는 등의 방법으로 피해보상에 나섰다. 관련 재판에서 1심 법원은 "차량가격 안내책자와 인터넷 홈페이지의 설명은 고객이 차량의 구매를 결정함에 있어 차량의 재원을 확인하는 주된 매체의 기능을 한다"며 "원고들은 차량에 에어백이 장착된 것으로 믿고 차량을 구입했기 때문에 원고들에게 발생한 손해를 배상할 책임이 있다"고 판시했다.

현대차가 지난 2011년에 겪은 연비 과장 사태는 심각했다. 현대차가 미국 시장에서 주력으로 판매하는 아반떼(현지명 엘란트라)의 연비가 과장됐다며 미국 소비자단체가 소송을 제기했다. 현대차가 광고에서 아반떼의 연비를 40mpg(17.0km/L)로 과장해 광고했다는 것이다. 현대차가 밝힌 40mpg은 고속도로 연비인데 복합연비인 것처럼 광고했다는 게 이들의 주장이다. 미국 환경보호청도 현대기아차의 여러 차종이 연비를 과장했다며 소비자들의 주장에 힘을 실어줬다. 현대차는 연비 측정을 위해 주행저항을 대입하는 과정에서 오류가 있었음을 인정하고 미국의 전 일간지에 사과광고를 게재하는 등 즉각 진화에 나섰다.

국내에서도 현대차 소비자들 20여 명이 현대차의 연비 과장과 관련해 집단소송에 나섰다. 이들은 부당한 연비표시에 따른 재산적 손해와 정신적 손해 50만 원씩 1인당 100만 원을 청구했다.

물론 모든 광고가 거짓은 아니다. 소비자들에게 메시지를 전하기 위해 내용을 확대, 과장, 단순화하는 과정에서 의도하지 않은 오류가 생길 수 있다. 현대차 젖소 광고의 경우다. 의도적으로 거짓말을 하려 한 것은 아니지만 단순화하는 과정에서 잘못된 메시지를 전하고 말았다.

　카니발 에어백의 경우는 3년 동안이나 잘못된 정보가 수정되지 않고 계속됐다는 점에서 단순 실수로 보기는 힘들다. 처음에는 오류였을지 모르겠지만 이를 즉각 수정하지 않고 오랜 시간 소비자들에게 잘못된 정보를 제공했다는 점에서 악의적이라는 비난을 피할 수 없다.

　미국에서 연비 과장 관련한 내용은 연비 측정과정의 오류에서 비롯됐다고 현대차는 해명했다. 미국 환경보호청 역시 현대차가 의도적으로 연비를 과장한 것은 아니어서 처벌을 언급하지는 않았다. 그 배경에는 미국에서 잘나가는 현대차를 견제하기 위한 것이 아닌가 하는 의문이 제기되고 있는 것도 사실이다. 좀더 정확한 정보를 제공하지 못했다는 점에서 현대차의 분발이 요구된다.

급발진은 없고
운전자 과실만 있다

급발진에 대한 논란이 뜨겁다. 어제 오늘의 얘기가 아니다. 최근 정부는 급발진과 관련한 조사결과를 발표하고 "급발진으로 단정할 만한 명확한 내용을 확인할 수 없다"라고 결론 아닌 결론을 내렸다. 2012년에 발생했던 6건의 사고를 국토교통부(이하 국토부)가 조사한 결과였다.

국토부는 지금까지 모두 세 차례에 걸쳐 급발진과 관련한 조사에 나서 그 결과를 발표했지만 자동차 결함을 확인하지는 못했다. 급발진의 실체를 확인하지 못한 것이다. 국토부에서 발표한 관련 보도자료의 제목은 "급발진 원인, 자동차 결함으로 확인 안 돼"였다. 급발진의 원인이 자동차가 아니라 운전자에게 있음을 은연 중에 내비치는 제목이다. 중립적인 위치를 강조해온 정부지만 자동차 제조사들의 입장을 먼저 생각했음이 제목으로 내세운 한 문장에 드러나 있다. 이를 보면 그들의 입장이 어떤지는 굳이 물어볼 필요가 없다.

어떤 현상을 두고 급발진이라고 할 수 있을까. 가속페달을 밟지도 않았는데 차가 급가속하듯이 튀어나가는 현상 혹은 브레이크를 밟았다고 하는데도 차가 멈추지 않는 현상을 두고 '급발진'이라고 부른다. 자동차 급발진은 오래전부터 논란거리였다. 하지만 지금까지 급발진 사고가 차량 결함으로 인정된 적은 없다.

반대로 급발진에 대한 명확한 원인 규명이 이뤄지지 않는 가운데 '급발진'이라 주장하는 사고들은 계속 발생하고 있다. 1999년 현대자동차 정몽구 회장의 삼촌인 고 정순영 성우그룹 명예회장도 급발진으로 의심되는 사고를 당했다. 당시 언론에서는 급발진 의혹을 강하게 제기했지만, 정회장 측에서는 현대차를 의식해서인지 운전기사의 단순 실수라고 밝히고 문제를 덮어버렸다.

"급발진은 있다"와 "급발진은 없다"는 주장이 팽팽하게 맞서는 가운데 어느 누구도 이를 명쾌하게 정리하지 못하고 있다. 2013년 6월에는 국토부가 급발진 발생이 가능한 상황을 인위적으로 만들어 재현해보는 공개실험을 벌였으나 급발진 재현은 실패했다. 정부에서는 이를 근거로 급발진은 없다고 보는 것이 합리적이라고 밝혔다.

ㅁ 국민공모한 6건의 급발진 실험의 구체적 내용은 다음과 같다.

① '엔진제어장치(ECU)의 습기'로 인한 급발진 현상을 재현하고자 실내 가습 및 ECU 회로기판에 물을 분사하는 실험을 한 결과, 엔진출력 상승 등과 같은 이상 현상은 미발생

② '엔진제어장치에 전기적 충격'을 가할 경우 급발진 현상이 발생할 수 있다는 것도 자동차의 출력 변화 등 현상은 미재현

③ '주행 중 가속페달과 제동페달을 동시에 밟을 경우 제동력이 상실'된다는 주장도 재현되지 않았음

④ '엔진제어장치에 전기충격 및 발전기 고장'으로 급발진 현상은 제안자가 당일 불참의사를 통보, 재현실험 대상에서 제외

⑤ '엔진제어장치 가열 및 회로 단선'으로 인한 실험도 출력 변화 등 이상 현상은 재현되지 않음

⑥ '연소실내 카본퇴적'으로 인한 급발진 현상 재현은 실험 일주일 전부터 제안자 요구대로 연소실에 카본이 퇴적될 수 있는 조건으로 운행한 후 실험을 한 결과 역시 특이현상은 없었음

□ 이에따라, 국토부는 현재의 기술 수준으로는 급발진 현상은 존재하지 않는다고 보는 것이 합리적이라는 입장을 밝혔다.

– 2013년 7월 1일 국토부 보도자료 발췌

하지만 이를 보는 언론의 평가는 '급발진 재현 실패'였다. 급발진이 없는 게 아니라 이를 재현하지 못했다는 것으로 '실패한 실험'이라는 평가다. 정부의 급발진 사고 조사에 참여했던 전문가

는 "현재 기술력으로는 여기까지 할 수밖에 없었다"라고 실토하고 있다. 그의 말대로다. 실체를 규명할 수 없는 상황에서 여러 가지 가설과 추정들만 난무할 뿐이다.

한편 "전자파, 전자장치의 결함, 설계 결함, ECU 등 전자장치 프로그램의 결함 등등 때문일 것이다"라는 추정도 있다. 최근에는 '브레이크 진공배력장치'가 급발진의 원인이라는 주장이 나오기도 했다. 하지만 모두 추측이나 주장일 뿐 객관적으로 확인된 바 없다.

대체로 자동차회사에서는 급발진의 존재 자체를 부정하고, 운전자의 조작 실수로 몰고 가려 한다. 그렇지 않으면 브레이크를 밟았는데 차가 서지 않고 왜 달려나가는지, 짧은 거리에서 운전자의 조작과 상관없이 어떻게 차가 자기 마음대로 힘차게 움직이는지, 지금까지의 기술과 논리로는 도대체 설명이 되지 않기 때문이다. 원인을 찾지 못하는 것이다.

그렇다고 급발진이 없는 건가. 그렇지 않다. 차가 운전자의 의도와 상관없이 급격히 속도를 올리며 달려나가는 급발진은 분명히 존재한다. 수십 년 경력의 운전자가 차가 급하게 움직이는데도 제어를 하지 못해 짧은 거리를 무서운 속도로 달려 벽에 부딪히는 일들은 분명히 급발진의 존재를 말하고 있다.

관련 영상들도 이를 입증한다. 급발진이 아니고서는 도저히 일어날 수 없는 현상들, 이를테면 브레이크등이 들어왔는데도 차가 굉음을 내며 움직이는 화면을 보면 급발진이 없다고 말하는 데 동의하기 힘들다. 시동키를 'off' 상태로 했음에도 엔진이 꺼지지 않고 제멋대로 살아서 춤을 추듯 높은 RPM으로 치솟는 모습을 직접 목격한 경험도 있다.

분명히 급발진은 존재하는 현상이다. 여기에서부터 사태의 실마리를 풀어야 한다. 이를 부정하면 문제는 풀지 못하고 '있다 없다'의 막연한 주장만 되풀이할 뿐이다.

원인을 밝혀야 하는 책임은 자동차회사와 정부에 있다. 특히 자신들의 기술력을 믿고 자신들의 차를 구매하는 소비자가 있기에 존재하는 기업은 그 책임이 더 막중하다. 감추기에만 급급해서도 안 되고, 원인을 찾는 연구를 게을리해서도 안 된다. 돈 되는 일이라면 앞뒤 가리지 않고 달려드는 난다 긴다 하는 연구소, 기관, 단체, 학자들도 반성해야 할 부분이다.

정도 영업 '원 프라이스'의 허와 실

우리나라는 자동차 제조사들은 판매시스템까지 장악하고 있다. 차를 만드는 기업이 일반 소비자들에게 판매까지 담당하는 것이다. 한국지엠이 딜러시스템을 운용하고 있다고는 하지만 판매조직의 구조상 각 딜러들은 판매가격을 결정할 수 있는 자율권이 거의 없어 그 의미는 크게 상실됐다.

국내 자동차회사의 판매조직은 직영영업소와 대리점으로 나뉜다. 직영영업소는 자동차회사에서 직접 운영하는 조직이다. 대리점은 회사와는 다른 별도의 사업자가 딜러권을 가지고 영업을 하는 조직이다. 본사에 직접 통제를 받는 직영영업소에 비해 대리점이 좀더 탄력적으로 운영되기는 하지만, 자동차회사의 영업 방침에서 자유로울 수는 없다.

최근 현대기아차를 필두로 대부분 회사들이 동일가격 정책, 즉 '원 프라이스 정책'을 내세우고 있다. 현대기아자동차는 이른바 '정도 영업'을 표방하며 판매가격을 동일하게 할 것을 일선 영업소에 강요한다. 한국지엠도 마찬가지다. 정도 영업의 원조는 르노삼성차다. 삼성자동차 출범 당시부터 그들의 모토 중 하나는 '원 프라이스 정책'이었다.

자동차회사들은 자신들이 정도 영업과 원 프라이스 정책을 내세우는 이유는 전국 어디서나 동일한 가격에 차를 팔면 영업사원도 고객도 만족스러운 결과를 얻을 수 있기 때문이라고 주장한다. 따라서 사후 점검에서 이 영업 방침을 어기는 딜러나 영업사원에게는 퇴사 또는 딜러권 박탈 같은 강한 징계를 내리겠다며 으름장을 놓고 있다.

이런 자동차회사의 주장에 그동안 영업사원에게 속아서 다른 사람보다 더 비싸게 차를 산 것 같은 기분이 들었던 소비자들은 환영할지 모른다. 하지만 이 말은 곧 가격 할인을 하지 않겠다는 말이기도 하다.

미국의 판매시스템은 우리와 달리 철저하게 딜러들이 판매를 책임진다. 딜러들이 자동차회사에서 자동차를 대량으로 매입한 다음 소비자에게 판매하는 방식이다. 이를 '매입 딜러'라고 부른다. 매입 딜러들은 자동차 판매 가격을 독립적으로 결정한다. 재고가 쌓이면 파격적인 가격에 팔기도 한다. 소비자 입장에서는 좀더 유리한 딜러를 찾아 차를 구매할 수 있는 장점이 있다. 한국이 기업 중심의 시장이라면 미국은 소비자 중심의 시장인 셈이다.

미국에서 이처럼 매입 딜러가 자리 잡을 수 있는 것은 지리적 이유가 크다. 자동차회사가 전역을 커버하기에는 땅덩어리가 워낙 넓다. 소비자가 차를 주문하고 이를 공장에서 생산한 뒤 소비자에게 전달하기가 쉽지 않을 뿐 아니라 시간도 오래 걸린다. 이 때문에 각 지역의 딜러가 사전 주문을 넣어 대량으로 차를 구매한 뒤 소비자에게 재판매하는 방식이 자리 잡게 된 것.

한국의 상황은 미국과 다르기는 하다. 국토가 좁고 차를 주문하면 공장에서 즉시 이를 생산하고 2~3일 뒤에 차를 전달할 수 있는 구조다. 자동차회사로서는 더 없이 유리한 지리적 조건을 가진 셈이다.

그럼에도 제조사가 단일가격제도를 내세우는 것은 생각해볼 여지가 많다. 시장에서의 자유로운 경쟁을 원천적으로 차단하고 있기 때문이다. 자유로운 경쟁 체제가 이뤄지면 소비자들은 좀더 저렴한 가격에 차를 살 수 있다. 길게 보면 경쟁은 영업사원들에게도 약이 된다. 소비자들의 선택을 받기 위해 치열한 경쟁을 하는 과정에서 경쟁력 없는 영업사원들은 도태될 것이기 때문이다. 영업사원들의 경쟁은 결국 소비자 위주의 시장이 된다는 말이다. 자동차회사가 주도하는 시장에서 소비자가 중심이 되는 시장으로 만들어야 한다는 것.

현재의 판매 시스템은 제조사와 판매사, 영업사원 등 별도의 사업자들이 가격을 정하고 할인을 막는 것으로 이는 가격담합에 해당할 수 있다는 지적도 있다. 같은 노동을 하는 정규직과 비정규직의 임금은 차별하면서 소비자들에게는 같은 상품이니 같은 값을 받겠다는 자동차회사의 이중적인 태도도 문제다.

무엇보다 지금 한국의 자동차 시장은 소비자들에게 가장 불리한 구조이다. 생산자가 시장을 장악하고 최종 소비자가격을 정하는 게 과연 합당한 것인지 다시 생각해봐야 한다.

6장
자동차 산업에 관한
거짓말

자동차 선진대국 대한민국

한국의 자동차 산업은 눈부신 발전을 거듭해왔다. 전쟁의 폐허 위에서 미군에서 불하받은 시발 자동차를 만들면서 시작된 한국의 자동차 산업은 이제 생산량 기준 세계 5위다. 유럽의 200년 가까운 자동차 역사를 불과 50여 년 만에 따라잡은 기적과도 같은 일을 해냈다. 짧은 시간 고도의 집중력을 발휘해 앞선 이들을 따라잡은 결과다.

이를 두고 한국이 자동차 선진국으로 우뚝 섰다는 자랑을 하지만 우스운 얘기다. 자동차 생산량으로 세계 1위인 중국을 자동차 선진국이라 부르지 않고, 자동차 생산량이 한국에 미치지 못하는 이탈리아, 프랑스, 영국을 자동차 후진국으로 부르지 않는 것과 같은 이유다. 진정한 자동차 강국은 자동차 산업만으로 이뤄지는 게 아니다. 자동차 산업 수준에 걸맞게 자동차 문화가 자리 잡을 때 비로소 자동차 강국, 자동차 선진국이라 할 수 있다.

자동차 문화를 한마디로 정의하기는 어렵다. 일반적으로 말하는 자동차 문화란, 자동차를 매개로 우리의 삶을 풍요롭게 만들어주는 모든 것이다. 지금까지 한국은 자동차를 많이 만들고 팔고 사고 타는 데에만 집착한 나머지 자동차를 통해 우리의 삶과 문화를 살찌우는 일에는 크게 신경을 쓰지 못했다. 짧은 기간 앞선 이들을 따라잡으려고, 우선순위에 따라 버릴 것은 버리고 취할 것은 더 집중해야 하다보니 자동차 산업이 아닌 문화는 사치스러운 개념일 수밖에 없었다.

그래서 아직도 어떤 차를 타느냐를 보고 그 사람의 사회적 지위를 짐작하고, 자동차를 과시용 사치품으로 생각하는 사람들이 많다. 그나마 최근 들어 조금 다양해지긴 했지만, 아직 도로 위의 차종을 살펴보면 자신에게 어떤 차가 적합한지에 대한 고민 없이 선택한 세단형 승용차가 다수를 이루고 있는 것이 이를 증명한다. 뿐만 아니라 모터쇼는 개최하기에만 급급하고, 자동차 박물관도 전국을 통틀어 두 군데에 불과하며, 자동차에 대한 흥미를 불러일으키거나 이해를 돕는 교육 프로그램도 찾아보기 힘들다.

수많은 매체가 있지만 산업과 문화를 아우르며 리드하는 자동차 매체도 찾기 어렵다. 자동차 전문 언론이 제대로 성장하고 숨쉬기 힘든 구조가 큰 문제다. 방송과 일간지 등 소위 메이저 언론의 그늘에서 자동차 전문 언론의 입지는 날로 좁아지고 있다. 척

박한 환경에서 20년의 역사를 가진 한국의 자동차 경주는 세계 수준에 턱없이 미치지 못하는 수준에서 아직도 헤매고 있다.

그렇다면 자동차 선진국이라고 불리는 유럽과 미국은 어떨까. 유럽과 미국 등 자동차 역사가 긴 나라에서는 다양한 자동차 문화가 존재한다. 200년의 자동차 역사를 자랑하는 만큼 그들의 일상과 어우러진 자동차 문화는 자연스럽게 그들의 삶과 함께한다. 총리가 운전을 하고 장관이 경차를 타며, 간단한 차 수리는 스스로 하는 이들이 많다. 공임이 비싼 이유도 있지만 오래된 골동품 같은 차를 스스로 고쳐가며 타는 이들을 어렵지 않게 만날 수 있다.

어떤 차가 가장 강력한 차인지, 어떤 차가 가장 적은 양의 연료로 가장 멀리 가는 차인지 가리는 경기를 하기도 하고, 서킷 경기를 여는 한편으로는 목숨을 건 오프로드 경기 같은 '스토리'를 가진 다양한 자동차 경주를 연다.

이뿐만 아니라 모터쇼 같은 큰 이벤트부터 나이 지긋한 귀족들이 자신의 앞마당에서 여는 클래식카 전시회, 지역 주민들이 각자의 차를 튜닝하여 최고의 차를 뽑는 작은 대회까지 그 행사의 규모와 종류도 다양하다.

자동차 관련 매체는 어떤가. 유럽에는 100여 년의 넘는 역사를 자랑하는 자동차 잡지가 여럿 있다. 국내 메이커를 포함한 많은 자동차회사들이 자동차 잡지가 선정하는 이런저런 상을 받았다는 게 뉴스가 된다. 자동차 문화를 풍요롭게 하는 데 있어서 전문 언론의 역할은 거의 절대적이라고 해도 과언은 아니다.

어렸을 때부터 이런 문화 속에서 성장한 이들이 참여하는 자동차 산업의 경쟁력은 무시할 수 없다. 양적으로는 한국이 어느 정도 선두권에 자리 잡았다고 하지만, 문화의 질적인 수준으로 본다면 아직 한참 멀었다는 것도 엄연한 사실이다.

이제 한국의 자동차 산업도 문화에 눈을 돌려야 한다. 양적 성장에 걸맞은 질적 성장의 모습을 갖춰야 하기 때문이다. 다행히 한국도 50여 년의 자동차 역사가 있다. 유럽, 미국에 비해 짧지만 결코 무시할 수 없는 세월이다.

지금 70~80대의 어르신들은 대부분 40~50대 이후에 자신의 첫 자가용을 가진 세대다. 40~50대는 결혼을 전후로 자가용을 가졌다. 20대 대부분은 어렸을 때부터 자가용에 익숙한 세대다. 성인이 된 다음에 '마이카'를 가진 이들과 어렸을 때부터 '우리 차'를 접한 세대와는 차를 대하는 태도가 다를 수밖에 없다. 우리의 차 문화도 앞으로는 훨씬 다양하고 폭과 깊이가 있을 것으로 기대할 수 있는 대목이다.

정부와 사회, 그리고 자동차회사가 자동차 문화를 만들고 키우는 데 나서야 한다. 제대로 된 자동차 박물관을 세우면 많은 어린 이들이 그 박물관에서 자동차에 대한 꿈을 키우게 된다. 그 꿈을 키우며 자란 아이들이 다시 자동차회사에 입사해 꿈꿔온 자동차를 만들고, 그 차는 다시 역사가 되어 박물관에 전시되는 순환 구조를 가진 것이 지금의 유럽 사회다.

오직 앞만 보고 빨리 달리던 시대는 그 시대대로 의미가 있다. 하지만 더는 아니다. 이제는 조금 넓게, 조금 깊게 살피고 고민하며 움직여야 하는 시대다. 과거 50년이 '속성'의 시대였다면 앞으

로는 '숙성'의 시대여야 한다. 숙성의 시대를 지내며 자동차 문화
가 활짝 꽃 피우기를 간절히 기대해본다.

성공적인 모터쇼로 자리 잡은
서울모터쇼

모터쇼는 자동차 산업의 꽃이다. 미래의 자동차 방향을 보여주는 콘셉트카가 무대 위에 오르고, 세계 최초로 발표하는 자동차들이 언론의 집중 조명을 받는다. 지금 시중에 판매되는 자동차들도 총출동한다. 의미 있는 과거의 차들을 다시 단장해 전시하기도 한다. 부품업체들도 촉망받는 신기술을 앞세워 다양한 전시품들을 내놓는다. 자동차 산업의 과거 현재 미래가 한자리에 모이는 것이다.

말 그대로 자동차 산업의 모든 것을 보여주는 잔치가 바로 모터쇼다. 한자리에 전시되는 수많은 차를 통해 관람객들은 눈 호강을 하고, 업계 관계자들은 유용한 정보를 얻는다. 차를 사려는 소비자에게 모터쇼는 전시된 차들을 꼼꼼히 살펴보며 내가 살 차를 결정하는 자리가 되기도 한다. 아빠 엄마 손을 붙잡고 전시장을 찾은 어린이와 청소년에게는 꿈을 심어주는 훌륭한 교육의 장이기도 하다.

전세계적으로 볼 때 크고 작은 모터쇼는 수없이 많다. 하루도 빠짐없이 세계의 어디에선가는 모터쇼가 열리고 있다고 봐도 틀린 말이 아닐 정도다. 그중에서 자동차 업계에서 중요하게 손꼽히는 모터쇼가 있다. 디트로이트모터쇼, 프랑크푸르트모터쇼, 파리모터쇼, 제네바모터쇼, 베이징모터쇼, 상하이모터쇼, 도쿄모터쇼 등이다.

한국에는 1995년 처음 시작한 서울모터쇼가 있다. 비슷한 시기에 개최되는 중국 상하이모터쇼의 그늘에 가려 세계적으로 톱클래스 수준에 이르지는 못했지만 나름대로 규모를 키워가며 2년마다 열고 있다.

서울모터쇼를 보면서 늘 안타까운 것은 이를 주최하는 조직위원회의 자세다. 2013년 3월 29일부터 4월 7일까지 열린 서울모터쇼에서 조직위는 월드프리미어 모델이 9대에 달한다고 밝혔다. 월드프리미어란 세계 최초로 공개되는 새 모델을 말한다. 세계 최초인 만큼 언론의 관심이 쏠리게 마련이다. 하지만 그 실체를 보면 어이가 없어 실소를 금치 못한다.

서울모터쇼 조직위가 발표한 월드프리미어 모델 9대 중 4대가 대형 트럭이다. 일반적으로 상용차를 월드프리미어로 보지 않는 기준을 백배 양보해서 트럭도 월드프리미어일 수 있다고 하자. 4

개의 서로 다른 트럭이 세계 최초로 발표된 것일까. 아니다. 4대
의 트럭도 따지고 보면 현대차가 만든 엑시언트 4개 차종이다. 엑
시언트 6x2 트랙터, 엑시언트 6x4 트랙터, 엑시언트 10x4 카고 초
장축, 엑시언트 8x4 25.5톤 덤프트럭이다.

　트럭을 월드프리미어로 소개하는 것도 말이 안 되는데, 한 개
모델의 4개 차종을 쪼개 마치 네 종류의 차를 세계 최초로 공개
하는 것처럼 뻥튀기를 하고 있는 것이다. 말이 좋아 과대포장이
지 이쯤 되면 아예 대놓고 거짓말을 하는 수준이다.

　과거에도 크게 다르지 않았다. 2011년 서울모터쇼에서는 6대의
월드프리미어가 등장했는데 이 중에는 대우버스 BC211M이 포함
돼 있었다. 앞서 언급한 세계의 주요 모터쇼에서 버스와 트럭을
모터쇼의 월드프리미어에 포함시키는 경우는 찾기 힘들다.

　서울모터쇼에 앞서 3월에 열린 제네바모터쇼에서는 월드프리
미어만 46개 차종이 등장했고, 1월에 열린 디트로이트모터쇼는
45개 차종의 월드프리미어를 선보여 관람객들을 즐겁게 했다. 서
울모터쇼의 위상을 단적으로 비교할 수 있는 수치다. 월드프리미
어를 보면 그 모터쇼의 수준을 알 수 있다. 그래서 한 대라도 더
월드프리미어를 선보이고 싶은 게 모터쇼를 운영하는 측의 입장
이다. 이해한다. 하지만 도를 넘은 거짓말까지 이해할 수는 없는
일이다.

　입장객 수도 마찬가지다. 서울모터쇼 조직위가 발표한 2013년
도 관람객 수는 105만 명. 수도권 인구의 4%, 전국민의 2%가 다
녀갔다는 말이다. 105만 명이 모터쇼를 다녀가려면 모터쇼가 열

리는 동안 출입구는 늘 장사진을 이뤄야 한다. 하지만 주말을 제외한 평일에는 출입구에 줄을 서는 모습은 거의 볼 수 없었다.

입장료 수입을 정확하게 밝히지 않는 것도 의구심을 자아낸다. 일반인 1만 원, 학생 7000원인 입장료를 기준으로 볼 때 어림잡아도 50억 원 이상을 거둬들일 것이란 계산이 나오지만 주최측은 "그 정도는 아니"라고 하면서 정확한 금액을 말하지 않는다.

서울모터쇼는 유난히 숫자에 집착한다. 어김없이 올해 관람객 수는 역대 최대이고 세계 4대 모터쇼로 자리매김하겠다고 큰소리친다. 하지만 이를 통해 보이는 것은 자신감이 아니라 초조함이다. 베이징, 상하이, 도쿄 모터쇼에 둘러싸여 존재감이 드러나지 않는 서울모터쇼의 초조함이다.

세계 3대 모터쇼를 말하는 이들이 많지만 3대 모터쇼를 꼽아보라면 제각각이다. 각자 기준에 따라, 혹은 아무 생각 없이 말할 뿐이다. 프랑크푸르트모터쇼, 파리모터쇼, 디트로이트 모터쇼, 베이징모터쇼, 상하이모터쇼, 도쿄모터쇼, 제네바모터쇼 등을 어떤 순서로 순위를 매기는지 나는 모른다. 순위를 매기는 게 무슨 의미인지도 모르겠다. 이 중 어느 모터쇼에서도 세계 몇 대 모터쇼라고 자랑하는 곳은 없다. 그냥 자신들의 색깔을 보여주려고 자신들의 이름을 건 모터쇼를 열 뿐이다.

서울모터쇼 조직위원회의 경박함은 또 있다. 2012년 10월에 서울모터쇼에 참가하지 않은 한국타이어를 공개적으로 비난하고 협박하는 보도자료를 언론에 배포한 것이다. 그 내용을 보면 표현이 거칠고 직접적인 비난이 주를 이루고 있다.

조직위는 국내 타이어 업계 1위 업체인 한국타이어가 해외모터쇼에는 큰 비용을 들여가며 참가하면서 국내 최대 모터쇼인 서울모터쇼를 외면하고 있음을 지적하며 "타이어 없이 굴러가는 자동차가 있는가?"라며 질타했다. 일리 있는 지적이다. 하지만 다음 내용은 거의 협박에 가까운 내용이다. 보도자료 내용의 일부를 그대로 적어보면 이렇다.

"서울모터쇼는 유치원 아이부터 칠십대 노인까지 모든 연령대의 자동차를 좋아하는 사람들이 찾는 국민적 행사이다. 미래의 주역인 우리 아이들이 장래의 꿈과 희망을 만들어가는 이 공간을 그처럼 무시한다면 오래지 않아 이 기업에는 큰 부메랑이 되어 돌아올 것이다"라고 경고했다.

모터쇼 참가는 개별 기업의 판단에 따라 결정한다. 조직위가 참가를 권유할 수는 있지만 이런 식으로 강요하고 협박하는 건 자신들의 위치를 제대로 파악하지 못한 탓이다. 참가 대상인 기업은 모터쇼 조직위에게는 고객이다. 고객이 왜 참여를 안 하는지 고민하고 설득할 방법을 찾고 삼고초려를 하고 그래도 안 되면 도대체 무엇이 문제인지 더 깊이 성찰하고 끌어들일 묘수를 찾아야 한다. 그게 조직위의 능력이다. 참가 의사를 밝히지 않는 타이어 회사에 공개적으로 협박성 발언을 하는 조직위는 스스로의 무능을 드러내고 있는 것이다. 서울모터쇼 조직위원회가 이제는 조금 차분해지고 진실해지고 품위가 있었으면 좋겠다.

미국차가 안 팔리는 건
한국 정부와 소비자 탓

2012년 한국의 수입차 신규등록대수는 13만858대. 그중 포드, 크라이슬러, 캐딜락 등 미국 브랜드는 9724대에 불과하다. 폭발적으로 성장하는 수입차 시장에서 미국 브랜드들은 제 몫도 챙기지 못하는 셈이다.

한국에 공장을 갖고 있는 한국지엠 역시 비슷하다. 이 회사의 2012년 판매실적은 약 15만 대. 지엠이 대우를 인수해 한국 시장에 재진출한 이후 가장 좋은 실적이지만 그들이 목표로 하는 두 자릿수 시장점유율인 10% 점유율에는 못 미치는 실적이다.

왜 미국차는 한국에서 맥을 추지 못하는 것일까. 폭발적 성장을 거듭하는 한국 수입차 시장에서 왜 지엠, 캐딜락, 포드는 뒷걸

음질 치는 걸까. 한국지엠은 신차를 줄줄이 쏟아내고 수백억 원을 들여 마케팅을 했으면서도 점유율 10%를 넘기지 못하고 있을까.

급기야 미합중국 대통령 버락 오바마까지 나서서 "한국인들이 포드, 쉐보레, 크라이슬러 등을 몰아주기 바란다"라고 말했지만 상황은 나아질 기미가 없다. 세계를 호령한다는 미국 대통령이 한국 시장을 특정해서 미국차를 사줄 것을 주문한 것은 격에 맞지 않는 옹색한 모습이다. 안쓰럽고 민망하다.

물론 미국인들이 한국차를 많이 사주는 만큼 한국 소비자들도 미국차를 많이 사달라는 의미임을 모르지 않는다. 그래도 그의 말이 언짢다. 마치 한국 시장이 미국차에 불공정하고 소비자들이 미국차를 차별한다는 의미가 읽히기 때문이다. 과연 그런가. 한국 소비자들은 왜 미국 브랜드의 차를 사지 않는 것일까.

문제는 미국차다. 안 사주는 소비자들을 탓할 게 아니다. 왜 안 팔리는지를 연구해야 한다. 농부가 밭을 탓해봐야 얻을 게 없다. 끊임없이 밭을 일구고 씨를 뿌리고 관리하면 풍성한 수확을 얻게 마련이다. 시장 탓, 소비자 탓을 하기 전에 미국 업체들 스스로 반성하고 돌아봐야 한다는 말이다.

돌아보면 늘 미국은 한국 자동차 시장에 이런저런 간섭과 주문을 해왔다. 대표적인 게 관세다. 50%부터 시작한 수입차 관세가 지금 8%까지 떨어지고 FTA에 힘입어 향후 단계적으로 축소하게 된 데에는 미국의 압력이 주효했다. 관세 때문에 미국차 판매가 안 된다는 게 당시 논리였다.

그러나 관세를 내리라는 미국 압력에 이익을 본 것은 유럽과 일본 브랜드들이었다. 관세가 내리면서 수입차 시장은 하루가 다르게 커왔고 그 시장의 대부분을 유럽과 일본 브랜드들이 차지해 버린 것이다. 문은 미국이 열었지만 그 열매는 미국 몫이 되지 않았다.

우선 미국 자동차 업체들은 한국 시장에서 팔릴 만한 차를 한국 소비자들의 눈높이에 맞춰 만들어 팔아야 한다. 수많은 차들을 시승하는 입장에서 미국차가 과거에 비해 무척 좋아졌다는 데 동의한다. 하지만 독일차와의 기술 격차를 좁히지는 못하는 것 또한 사실이다. 여전히 미국차는 경쟁 모델들에 비해 무겁고 연비가 나쁘다. 브랜드 이미지도 마찬가지다. 한국의 토종 브랜드 차와 견줘도 미국차의 우월성은 찾기 힘들다. 쉐보레가 현대나 기아보다 우수하다고 생각하는 한국 소비자들은 많지 않다.

독일차와 일본차, 현대기아차에 익숙한 한국 소비자들의 눈은 무척 높고 까다롭다. 미국 자동차 업체들이 좀더 공부하고 노력하지 않는다면 한국 소비자들을 만족시키기는 대단히 어려울 것이다. 이뿐만 아니라 한국 고객들을 설득하려는 미국 업체들의 노력은 일본, 독일 등 다른 나라 업체들에 비해 턱없이 부족하다. 전시장과 AS센터도 많지 않고, 소비자들을 설득하려는 노력도 눈에 띄지 않는다. 미국 최대 제조사인 GM의 럭셔리 브랜드 캐딜락은 수입차 시장 판매 순위에서 몇 년째 바닥권에 머물고 있지만 이를 벗어나려는 노력은 거의 하지 않고 있다. 팔려는 의지가 안 보인다.

관세가 0%가 되고 미국 대통령이 무슨 소리를 해도 스스로의 경쟁력을 확보하지 못한다면 한국 소비자들은 미국차에 눈길조차 주지 않을 것이다. 그게 시장이다. 차를 잘 파는 방법은 대통령이 나서는 게 아니다. 팔릴 만한 차를 잘 만들어서 발바닥에 땀나도록 열심히 파는 것, 그것뿐이다.

전기차는 환경에
무해하다

지구 기후변화가 전세계적인 이슈로 떠오르면서 자동차는 배출가스와 관련한 강력한 규제를 받고 있다. 자동차의 배기가스가 환경오염의 주범으로 지목되는 탓이다. 각국 정부와 자동차회사에서는 유해가스를 덜 내보내는 자동차, 더 나아가서는 배출가스가 전혀 나오지 않는 자동차 ZEVzero emission vehicle 만들기에 적극 나서고 있다. 대표적인 ZEV는 전기차다. 전기차는 전기로 모터를 돌려 차가 구동하는 방식이어서 배기가스가 아예 나오지 않는다. 전기차만 놓고 보면 매연을 하나도 뿜지 않으니 무공해라 할 수 있다. 하지만 전기자동차가 연료로 사용하는 전기를 만들기 위해서는 적지 않은 공해를 감수해야 한다.

자동차의 배기관에서 나오는 매연이 화력발전소의 굴뚝이나 원자력발전소의 폐기물로 자리를 옮겼을 뿐, 지구 전체적인 관점에서 보면 오염물질을 배출하는 것은 마찬가지라는 것이다. 전기차 하나만 놓고 보면 배출가스가 없는 게 맞지만 전지구적인 큰 틀에서 본다면 유해가스는 여전히 배출된다.

현재의 기술 수준에서 실현 가능한 무공해차로는 연료전지차를 꼽는다. 연료전지를 이용해 얻은 전기의 힘으로 움직인다는 면에서 전기차라고 할 수 있지만, 수소를 이용해 전기를 스스로 만들어낸다는 점에서 기존의 전기차와는 근본적으로 다르다.

연료전지는 수소와 산소가 일으킨 화학반응에 의해 생성된 전기를 동력으로 변환시키는 발전기와 같은 역할을 하는 장치다. 연료를 태워 구동장치를 거쳐 원하는 에너지를 얻는 기존 방식이 아니라 단지 화학적 반응에 의해 에너지를 얻기 때문에 효율이 높고 배기가스도 없어 대기오염 등을 유발하지 않는다. 연료전지의 머플러로 나오는 것은 시커먼 배기가스가 아니라 물이다. 화학반응을 거쳐 전기를 만든 수소가 산소와 결합되면서 물이 되고 이 물이 배기관으로 배출되는 것이다.

상상해보라. 시동을 걸면 자동차는 정수기처럼 물을 배출한다. 오염된 물이 아니다. 화학반응으로 만들어진 순수한 H_2O가 머플러로 나오는 것이다. 이 물을 마실 수 있을까. 물론 그렇다. 아무 문제 없다. 연료전지차에서 배기가스 대신 나오는 물을 사람이 직접 마시는 장면은 연료전지차의 단골 퍼포먼스다. 결국 궁극적으로는 연료전지차를 만들어 보급하는 것이 현재로서는 가장 현실성이 높은 무공해자동차에 대한 대책이다.

최근 현대자동차가 수소연료전지차 양산에 나서 주목을 받았다. 현대차는 세계 최초라 했지만 이 부분은 논란의 여지가 있다. 혼다와 마쓰다 등이 수소차 양산에 나섰던 전력이 있기 때문이다. 그럼에도 불구하고 현대차가 수소차를 양산하기 시작했다는 의미는 크게 달라지지 않는다. 추격자인 현대차가 이제 본격적인 선두그룹에 진입해 세계 자동차 시장의 흐름을 주도하기 시작했다는 것은 그것이 세계 최초든 아니든 매우 중요하고 상징적인 일이다.

수소차의 선두주자에는 BMW도 있다. BMW의 수소차는 연료전지 방식이 아니다. 기존의 내연기관, 즉 엔진을 사용하고 연료를 수소로 이용한다. 엔진에 수소를 넣어 태우는 방식. 하지만 배출가스가 없고 물, 즉 H_2O가 배출된다는 점은 연료전지차와 똑같다. BMW는 수소차를 독일에서 시범운행 중이다.

자동차가 지구온난화의
주범이다

자동차는 이미 오래전부터 환경오염의 주범으로 낙인찍힌 존재
다. 편리한 이동수단으로 인간의 삶에 없어서는 안 될 존재이지
만, 동시에 갖가지 위험 물질을 포함한 배출가스를 내뿜어 지구
환경을 오염시키는 존재라는 것이다. 특히 지구온난화를 야기하
는 전세계 이산화탄소의 약 20%를 자동차가 배출한다는 주장은
자동차가 환경오염의 주범이라는 근거로 활용되어왔다. 하지만
이는 거짓이라는 설득력 있는 주장이 있다.

　GM과 BMW, 포드, 크라이슬러 등을 거치며 47년 동안 자동차
업계를 누빈 전설적인 경영인 밥 루츠Bob Lutz는 이 부분에 대
해 명쾌한 설명을 제시하고 있다. 그는 저서에서 "컴퓨터 시뮬레

이션에 따르면 지구에서 만들어지는 이산화탄소 중에서 지구가 흡수할 수 있는 이산화탄소는 98% 정도다. 나머지 2%는 잉여 이산화탄소이고 이것이 지구온난화의 주범으로 지목받고 있다. 승용차와 트럭에서 나오는 이산화탄소는 그중에서 0.4%다. 이래서 20%라는 거짓말이 나오는 것이다"(밥 루츠, 홍대운 역, 『빈 카운터스』, 비즈니스북스, 2012년, 72쪽)라고 지적하며 분통을 터트린다.

정리하면 이렇다. 자동차에서 배출되는 이산화탄소의 양이 전체 이산화탄소의 20%가 아니라 전체의 2%에 불과한 잉여 이산화탄소의 20%, 즉 전체의 0.4%에 불과하다는 것이다. 클린턴 행정부 당시 지구온난화 대책 담당자도 자동차가 이산화탄소 배출량 증가에서 차지하는 비중은 그보다 훨씬 적다는 사실을 인정했다고 밥 루츠는 기술하고 있다.

실체가 불분명한 '지구온난화'라는 명제에 자동차 산업이 희생양이 되고 있다는 것이 밥 루츠의 주장이다. 그는 자동차를 환경오염의 주범으로 몰고 가는 주류 언론들에 대한 불만을 토로하는 과정에서 이 같은 주장을 펼쳤다. 특히 SUV를 지구온난화의 원흉으로 지목하는 언론들의 '편집방침' 때문에 SUV 매출이 크게 줄었고 GM의 수익성이 크게 악화됐다는 것. 적어도 언론이 이산화탄소와 지구온난화, 그리고 자동차에 관련한 진실을 밝혔다면 GM을 비롯한 자동차 업계는 오해를 받지 않았을 것이고 조금은 덜 위험해졌을 것이라는 주장이다.

나는 이 주장을 온전히 신뢰하지는 않는다. 미국산 SUV 판매가 줄어든 결정적인 이유는 자동차 자체의 효율성이 경쟁 모델들에 비해 크게 떨어져 소비자들이 외면했기 때문이다. 편파적인 언론 탓이라는 건 변명에 불과하다. 그럼에도 불구하고 자동차가 배출하는 이산화탄소가 지구환경 최대의 적이라는 지적에 대한 그의 반론은 설득력이 있다. 적어도 자동차에서 배출되는 이산화탄소의 해악이 생각만큼 심하지 않을 수도 있다.

그렇다고 이산화탄소 배출을 줄이기 위한 노력을 게을리할 수는 없다. 밥 루츠조차 인정했듯이 지구가 흡수하지 못하는 2%의 이산화탄소가 있기 때문이다. 즉 지구가 소화할 수 있는 능력을 넘어서는 이산화탄소가 배출되고 있다는 게 중요하다.

이미 유럽에서는 이산화탄소 배출량이 적은 자동차와 그런 자동차를 많이 만드는 자동차회사에 세금혜택을 주고, 그렇지 않은 자동차회사와 자동차에 과징금을 매기는 '탄소세'가 시행 중이다. 기본적으로 이산화탄소는 환경의 적이라는 개념을 바탕에 깔고 이산화탄소 배출 감소를 강요하는 제도다. 이는 곧 자동차 산업이 이산화탄소를 줄이는 데 사활을 거는 이유이기도 하다. 연비 성능 개선과 더불어 이산화탄소 배출량을 줄이는 것은 자동차 업체가 당면한 최대 사명이다.

제원표를 알면 차가 제대로 보인다

카탈로그 뒤편에 조그맣게 자리한 제원표에는 차에 관한 모든 정보가 숫자로 표기되어 있다. 이 숫자들을 유기적으로 해석해보면, 차의 성능과 특성 등 더 많은 정보를 얻을 수 있다. 제원표에 나타나는 숫자와 설명들을 풀어보면 다음과 같다.

◆ 크기
제원표에 가장 먼저 표기되는 것이 차의 크기다. 길이(전장), 너비(전폭), 높이(전고)를 mm 단위로 표시한다. 길이는 앞범퍼에서 뒷범퍼까지, 너비는 차 양옆에 달려 있는 사이드 미러를 제외한 폭, 높이는 노면에서 차의 가장 높은 곳까지의 거리를 말한다.

◆ 휠베이스(축거)
차의 성능에 실질적으로 영향을 미치는 것은 길이보다 휠베이스다. 휠베이스는 앞바퀴 중심과 뒷바퀴 중심 간의 거리다. 길이가 같아도 휠베이스가 길면 차의 움직임이 훨씬 안정적이고, 실내 공간도 더 넓어진다.

◆ 트레드(윤거)
트레드와 휠베이스는 승차감에 영향을 준다. 트레드는 좌우측 바퀴 간의 거리로, 뒷바퀴굴림 방식의 스포츠카는 뒤트레드가 넓고, 앞바퀴굴

림인 대다수의 차는 앞트레드가 더 넓다. 트레드와 휠베이스가 짧은 엑센트는 좁은 공간에서도 여유있게 움직일 수 있지만, 안정감은 떨어진다. 반면 트레드와 휠베이스가 긴 그랜저는 공간이 넓고 승차감도 우수하다. 다만 회전반경이 길어져 민첩하게 움직일 수 있는 능력은 떨어진다.

◆ 공차 중량

공차 중량은 차에 사람이나 짐을 싣지 않은 빈 차의 무게이며, 이때 연료와 각종 윤활유는 규정에 따라 가득 채우지만 스페어타이어, 공구 등은 제외한다. 차량 총 중량은 공차 중량에 탑승 인원 1명당 55kg을 적용해 총 탑승 인원을 더하면 알 수 있다.

◆ 토크

토크는 내연기관의 크랭크축에 일어나는 회전력으로, 엔진출력과 함께 엔진의 힘을 나타내는 단위($kgf \cdot m$)다. 토크가 크면 비탈길을 오를 수 있는 능력(등판능력)이 좋아지고, 견인력과 순간가속력도 좋아진다.

◆ 최저지상고

최저지상고는 차체 바닥 둥그렇게 튀어나온 부분(디퍼렌셜 기어 박스의 아랫부분)과 땅의 거리를 말한다. 타이어, 휠, 브레이크 부분은 제외한다. 거친 길에서는 최저지상고가 높을수록 장애물에 걸리지 않아 유리하다. 최저시상고가 높은 지프차는 잘 달릴 수 있는 이유다. 그러나 최저지상고가 높으면 차의 무게 중심이 높아져 승차감이 떨어지고 전복 위험도 상대적으로 높다는 단점도 있다.

◆ 최소회전반경
핸들을 완전히 돌린 상태로 회전할 때 바깥쪽 타이어가 그리는 원의 반지름을 측정해 정한다. 정확하게 따지면 범퍼 끝 궤적이 그리는 실제의 회전반경과 다소 차이는 있다. 차가 회전할 때 그리는 원의 반지름으로 이해하면 된다. 휠베이스가 길면 회전반경도 길어진다.

◆ 보어(내경)와 스트로크(행정)
보어는 엔진 내부 실린더의 지름이고, 스트로크는 피스톤이 실린더 내부에서 가장 높이 올라가는 지점(상사점)과 가장 아래로 내려오는 지점(하사점) 간 거리다. 내경보다 행정이 길면 롱스트로크 엔진, 그 반대면 쇼트스트로크 엔진이라 한다. 롱스트로크 엔진은 엔진회전수는 낮지만 큰 힘을 발휘해, 대개 디젤엔진으로 사용되고, 효율은 떨어지지만 엔진회전수가 높은 쇼트스트로크 엔진은 스포츠카에 주로 사용된다.

◆ 압축비
압축비는 실린더 안에서 피스톤이 공기를 압축하는 비율이다. 많이 압축되면 폭발력도 세다. 가솔린 엔진에서는 압축비가 너무 높아지면 금속을 망치로 두드리는 것과 같은 소리가 나는 현상(노킹Knocking)이 발생하는 문제가 있다. 그래서 휘발유 엔진 압축비는 대개 11:1을 넘기지 않는다. 디젤엔진은 압축비가 훨씬 높다. 점화플러그가 없고 압축열에 의해 자연폭발시켜야 하는 구조이기 때문이다. 디젤 엔진의 압축비는 15~22:1 정도가 된다.

◆ 변속비

엔진 힘을 타이어에 전달할 때 그 힘을 속도에 맞게 효과적으로 조절해주는 게 변속기다. 변속비가 3:1이면 엔진구동축 톱니가 3회전해야 타이어와 연결된 출력축 톱니가 1회전한다는 것이다. 변속비가 크면 힘은 세지만 속도를 높이는 데는 불리하다. 저단 기어일수록 변속비가 크고 고단 기어에서는 변속비가 작다.

◆ 연비

연비는 연료 1L로 달릴 수 있는 거리를 나타낸다. 10km/L는 연료 1L로 10km를 달릴 수 있다는 것. 연비는 자동차와 운전자, 도로상황, 운전습관 등에 크게 좌우되기 때문에 공식 연비와 실제 연비 사이에는 어느 정도 차이가 있다. 기업에 따라 도심 연비와 고속도로 연비를 함께 기록하고 있으니 참고하는 것도 좋다.

현대기아차의 시장 독과점이 수입차 시장 키운다

우리나라는 현대기아차가 71.1%, 한국지엠과 르노삼성 그리고 쌍용차가 약 20% 안팎의 시장을 나눠갖고, 수입차가 약 8%를 점하고 있다. 파죽지세로 성장 중인 한국의 수입차 시장은 어디까지 갈까. 현대기아차가 시장을 독과점하고 있는 상황은 수입차에 유리할까 불리할까. 이탈리아와 일본의 자동차 시장에서 그 힌트를 얻을 수 있다.

이탈리아는 피아트라는 강력한 자국 브랜드를 가지고 있다. 피아트, 알파로메오, 란치아 등 대중 브랜드는 모두 피아트 계열이다. 2011년 연말 기준 피아트그룹의 이탈리아 자동차 내수시장 점유율은 29.4%, 수입차 점유율은 70.3%다.

일본은 토요타라는 강력한 1위 업체가 있지만 닛산과 혼다를 비롯해 미쓰비시, 스바루, 스즈키, 다이하쓰, 마쯔다 등 탄탄한 자동차 제조사들이 시장을 나눠갖고 있다. 2011년 연말 기준 토요타의 시장점유율은 29.5%, 나머지 제조사들이 63.2%를 점유하고 있다. 수입차 점유율은 7.4%. 일본 역시 우리나라처럼 수입차 시장에 8% 전후를 내어주고 있다.

자국브랜드를 가진 한국과 이탈리아, 일본의 수입차 점유율의 차이는 어디서 오는 것일까. 바로 이 지점에서 현대기아차와 수입차의 시선이 엇갈린다. 현대기아차는 수입차의 공세를 차단하기 위해 힘을 쏟는 모습이다. 새로 출시하는 신차마다 수입차와의 비교우위를 강조하는가 하면 프리미엄서비스를 도입하며 소비자들의 마음을 얻기에 전력을 기울이고 있다. 수입차의 생각은 다르다. 이탈리아만큼이야 안 되겠지만 일본보다는 높은 10%의 점유율을 차지할 것으로 기대하고 있다.

일본은 강력한 1인자 토요타가 있지만 나머지 제조사들 역시 의미 있는 점유율을 기록하며 국산차 그룹을 형성하고 있다. 물론 일본에서 수입차 판매가 크게 늘어날 수 없는 데에는 제도적 문화적 이유가 많이 있지만, 무엇보다 국산차에서 선택폭이 매우 넓어 어지간해서는 수입차로 옮겨가는 소비자들이 많지 않다는 이유도 있다. 그 때문에 일본에서는 수입차 점유율이 8% 전후에서 정체되어 있다.

반면 이탈리아는 페라리 등의 슈퍼카를 제외하면 대중 자동차 시장은 피아트가 독점하고 있다보니, 피아트 대 수입차 구도가 되었고, 소비자의 선택 역시 이 구도에 따라 결정되었다. 한때 64%까지 점유율을 보였던 피아트의 오늘이 이를 말해준다.

수입차 업체는 이탈리아와 마찬가지로 현대기아차가 시장을 독과점하는 상황이 나쁘지 않다고 보고 있다. 현대기아차와 수입차로 대결 구도가 분명해질 때 소비자들이 수입차를 택할 확률이 점차 늘어날 것으로 보기 때문이다. 이탈리아와 달리 일본처럼 한국도 한국지엠, 르노삼성, 쌍용 등이 있지만, 현대기아차와 수입차가 동시에 강력한 공세에 나서면 이들이 제대로 대응하지 못할 것이라는 전제도 하고 있다.

이 말은 곧 국내차 3사가 경쟁력을 갖춰 현대기아차의 독과점 구조를 무너뜨린다면 수입차의 시장 확대도 효과적으로 막아낼 수 있다는 얘기가 된다. 현대기아차의 시장 독과점이 결국 수입차에 득이 된다는 역설적인 상황이 지금 한국의 자동차 시장이다. 한국의 소비자가 좀더 다양한 선택을 할 수 있는 시장이 되길 기대해본다.

7장
자동차 상식에 관한
거짓말

눈길에서는
엔진브레이크를 사용해라

눈길이나 빗길처럼 미끄러운 길에선 엔진브레이크를 사용하라고
한다. 하지만 항상 맞는 말은 아니다. 미끄러운 길에서 속도가 높
을 때 엔진브레이크를 잘못 사용하면 여지없이 미끄러지기 때문
이다.

먼저 엔진브레이크를 이해할 필요가 있다. 일반적으로 브레이
크 하면 떠올리는 풋브레이크는 운전자의 발이 브레이크 페달을
밟으면 브레이크 페달이 회전하는 브레이크 디스크를 붙잡아 속
도를 줄이고 멈춰선다.

엔진브레이크는 이와 달리 기어 변속을 통해 속도를 줄이는 방
법이다. 4단으로 달리다가 3단을 넣고 가속페달에서 발을 떼면

차는 속도가 줄어든다. 엔진의 힘을 이용해 속도를 줄이는 것. 실제로 브레이크를 밟는 것은 아니지만 엔진과 변속기를 이용해 브레이크 효과를 보는 것이어서 엔진브레이크라고 한다.

　과거 엔진브레이크는 수동변속기에서 사용할 수 있었지만 요즘엔 자동변속기에서도 수동변속을 할 수 있는 기능을 대부분 갖추고 있어 엔진브레이크 기능을 사용할 수 있다. 팁트로닉tiptronic, 스텝트로닉steptronic 등의 이름으로 불리는 변속레버 등이 이에 해당한다. 변속레버를 '-' 방향으로 움직이면 시프트다운shift down, 즉 아래 단으로 변속이 되면서 속도가 줄어든다.

　눈길에서는 엔진브레이크냐, 풋브레이크냐가 중요한 게 아니라 부드럽게 감속을 해야 한다는 게 포인트다. 풋브레이크든 엔진브레이크든 잠든 아이가 깨지 않게 어루만지듯 부드럽게 작동하는 게 중요하다. 그러기 위해서는 시선을 멀리 두고 엔진브레이크 작동을 일찍 시작해야 한다. 갑자기 속도를 줄이려면 아무래도 과한 제동력을 요구되고 이럴 때 차가 미끄러지기 때문이다.

　"눈길에선 2단 출발을 하라"는 얘기도 마찬가지다. 부드럽게 출발하는 게 중요하지 1단이냐 2단이냐는 사실 중요하지 않다. 2단 출발을 권하는 이유는 2단이 1단보다 바퀴의 회전력이 약하기 때문이다. 부드럽게 살살 출발하라는 의미로 2단 출발을 권하는 것인데, 수동변속기는 2단 출발을 하면 엔진 시동이 꺼질 위험이 있다. 그렇다고 가속페달을 깊게 밟으면 바퀴 회전력이 커져 2단 출발의 의미가 없어진다. 이럴 땐 그냥 1단에 넣고 반클러치를 이용해 살살 부드럽게 움직이는 게 가장 좋은 방법이다.

내리막길 기어중립,
기름값을 절약한다

기름값은 운전자들의 영원한 화두다. 연료비를 아끼려는 운전자들의 노력은 처절할 정도다. 싸구려 중고차부터 고급 수입차에 이르기까지 '연비'는 자동차를 평가하는 최고의 덕목 중 하나다. 최근 기름값이 너무 비싸 그렇기도 하지만 과거에도 마찬가지였다.

휘발유 가격이 500~600원 하던 시절에도 사람들은 기름값을 아끼는 나름대로의 운전법을 얘기하곤 했다. 그중 하나, 위험천만한 비법이 있다. 내리막길을 만나면 기어를 중립에 넣고 시동을 끄고 달리라는 것. 한 방울의 기름이라도 아끼기 위해 생명의 위협을 기꺼이 감수하던 야만의 시절이었다. 차는 달리다가 시동을 끄면 일단 파워핸들이 작동하지 않는데 당시엔 파워핸들이 거의 없던 때니 큰 불편은 못 느꼈다. 다만 브레이크 유압이 제대로 작동하지 않아 제동이 제때 안 돼 무척 위험한 상황에 처하곤 했다.

그만큼 위험하진 않지만 요즘에도 비슷한 방법들을 쓰는 이들이 있다. 내리막길에서 기어를 중립에 놓고 달리는 것. 단지 기름을 아끼기 위해서다. 하지만 이럴 경우 속도 조절을 위해 브레이크를 사용해야 하는데 오랫동안 브레이크를 밟고 있으면 브레이크 과열로 브레이크가 제대로 작동하지 못하는 상황에까지 이를 수 있다. 핸들도 조작하기 힘들 만큼 무거워진다. 위험한 방법이다. 기름을 절약하는 효과도 크지 않다. 전자제어되는 엔진은 기어가 중립으로 되면 시동이 꺼지는 것을 막기 위해 최소한의 연료를 계속 공급한다. 엔진이 공회전할 정도의 연료는 계속 소모되는 것이다.

달리는 도중에 연료를 절약하는 가장 좋은 방법은 간단하다. 가속페달에서 발을 완전히 떼는 것. 이때 기어는 절대 중립에 놓으면 안 된다. 달리다가 가속페달에서 발을 떼면 순간적으로 엔진 소리가 커지면서 RPM은 올라가지만 연료공급은 차단된다. 엔진으로 연료가 아예 공급되지 않는 것. 다시 가속페달이나 브레이크 페달을 조작하는 순간 다시 연료공급이 재개된다. 거의 모든 차에 이같은 '퓨얼컷'fuel cut기능이 있다.

내리막길에서는 이 같은 특성을 이용해 운전하면 자연스레 엔진브레이크 효과까지도 볼 수 있다. 브레이크를 따로 밟지 않아도 엔진 회전력을 이용해 속도를 조절하게 되니 '일석이조'인 셈이다.

무엇보다 연비를 아낄 수 있는 경제운전법의 비법은 RPM에 있다. RPM은 Revolutions Per Minute, 분당 엔진 회전수다. 계기판을 보면 속도계 비슷하게 생긴 게 있는데 이게 바로 RPM 게이지다. RPM 게이지는 엔진이 1분에 몇 번이나 회전하는가를 보여주는 장치로 태코미터tachometor라고도 한다. 엔진이 시동만 걸어놓은 공회전 상태의 RPM은 800 전후다.

경제적이고 효과적인 운전을 위해서는 최대토크를 발휘하는 시점의 RPM을 이용하는 게 좋다. RPM을 높이면 힘이 세지지만 연료도 많이 든다. 그렇다고 RPM을 너무 낮추면 엔진이 꺼질지도 모르고 차도 힘이 없어진다.

어느 정도의 RPM이 적정할까. 답은 해당 자동차의 제원표에 있다. 자동차마다 제원표를 보면 최대토크가 표시돼 있다. 예를 들면 25kg.m/2600rpm은 2600rpm에서 이 차의 최대토크 25kg.m의 힘이 나온다는 말이다. 즉 2600rpm에서 엔진의 힘이 가장 효과적으로 사용된다는 것이다.

대개 엔진의 최대토크는 2500~3000rpm 사이로 정해져 있다. 따라서 자기 차의 최대토크를 정확하게 모른다면 2500rpm 전후로 달리면 좋다. 속도계만큼, 어쩌면 그보다 더 중요한 역할을 하는 게 RPM 게이지다.

시중에는 연비를 향상시켜준다는 연료첨가제나 기계식 장치 등 수십 가지 상품이 판매되고 있다. 하지만 신뢰할 만한 효과가 있는 제품은 없다고 봐도 된다. 그중에는 오히려 연비를 악화시키는 제품도 있다. 연료 아껴준다는 제품을 돈 주고 사는 것보다

지금까지 알아본 간단한 운전습관을 통해 아끼는 것이 훨씬 효과
적이다.

교통사고는 모두
쌍방과실이다

교통사고가 나면 서로 자기 잘못이 없다고 우긴다. 상대방 잘못으로 사고가 났다는 것. 하지만 사고처리를 하는 보험사나 교통경찰의 손으로 넘어가면 거의 대부분의 교통사고는 쌍방과실로 처리된다. 양쪽이 모두 다 잘못했다는 것이다. 누가 더 잘못했는가에 따라 과실의 비율이 정해지는데 5대 5, 6대 4, 7대 3 정도로 결정된다.

대부분이 이렇기 때문에 모든 교통사고는 쌍방과실이라는 속설이 있다. 하지만 모두 그런 건 아니다. 어느 한쪽의 완전한 잘못으로 사고가 일어날 수도 있다. 당연히 과실비율은 10대 0이 된다. 내가 10이면 모든 책임을 져야 하는 것이고 0이면 모든 책임에서 자유로워지는 것이다.

　나의 첫 교통사고가 그랬다. 분당 열병합발전소 사거리 내리막 길이었다. 신호대기 중이었던 내 차를 뒤에서 오던 트럭이 멈추지도 않고 그대로 들이받아버렸다. 다행히 나는 다치지 않았지만 나의 첫 애마 프라이드는 폐차됐고 뒤차가 모든 책임을 져야 했다.

　또 한 번 아주 사소한 접촉 사고도 있었다. 좁은 골목길에서 내 차는 앞차 뒤에 서 있었고 마주 오던 차가 내 옆으로 지난 뒤 무리하게 방향을 바꾸다 내 차 뒷부분을 긁었다. 공교롭게도 시승차였다. 시승한다고 차를 받아왔는데 사고를 당한 것이다. 나야 잘못이 없다고는 하지만 이런 민폐가 없었다. 또한 이런 경우 쌍방과실로 결론이 나면 나야 그렇다 쳐도 차를 내준 회사에도 피해를 주게 된다.

　나는 차에서 내려 가해자에게 책임을 인정하느냐고 물었다. 약간의 승강이가 있었지만 인정한다는 대답이 돌아왔다. 일반적으로는 이 대목에서 서로 보험처리를 하기로 하고 사진 몇 장 찍고 보험사에 신고한다. 하지만 나는 상대편에게 모든 책임을 지겠다는 내용의 문서를 쓰고 서명할 것을 요구했다. 그는 서명했고 이 사고는 100% 상대편 과실로 처리됐다. 시승차를 준 회사에서도 깔끔하게 처리를 해줘서 고맙다고 했다.

　대부분의 사고는 쌍방과실이 많다. 하지만 쌍방과실로 처리되는 많은 사고들 중에는 어느 한쪽이 억울한 경우도 많다. 잘못이 없는데 쌍방과실로 처리돼 비용부담을 나눠야 하는 것. 잘못도 없이 사고를 당했는데 비용부담까지 해야 하니 이보다 더 억울한 일은 없다.

가장 좋은 방법은 현장에서 상대방이 잘못을 인정하게 만드는 것이다. 신호위반이나 중앙선 침범, 후방추돌 같은 경우 명백한 잘못이 상대방에 있음을 주지시키고 이를 문서로 만들어 상대방의 서명을 받아놓으면 가장 좋다. 상대방이 과실을 인정하면 더이상 다툴 여지가 없기 때문이다.

목격자 확보도 중요하다. 서로의 주장이 첨예하게 엇갈릴 때에는 상황을 목격한 사람의 증언이 결정적인 힘을 발휘한다. 상대방과 다투기 시작하면 일단 현장해결은 힘들다고 봐야 한다. 내 주장과 상대방 주장이 다르면 다투기보다는 주변에서 상황을 목격한 이를 찾아 연락처를 확보해두는 게 먼저다. 이런 경우 쌍방과실로 처리될 가능성은 높아진다.

여기서 잘 생각해봐야 하는 문제가 있다. 나에겐 잘못이 없는가다. 내가 조금 억울한 측면이 있고 상대방이 과하게 잘못하기는 했지만 나도 조금의 잘못은 있지 않았을까 되돌아보라는 말이다.

100% 상대방 과실로 판명이 나는 경우는 상대편이 100% 잘못을 했기 때문이다. 상대방보다 내가 조금 더 억울하다는 생각이 든다면 상대방도 그렇게 생각할 수 있다.

목격자가 본 광경이 내가 기억하는 상황과는 다를 수 있다는 점도 생각해봐야 한다. 사람들은 모두 각자의 입장에서 상황을 보게 마련이어서 내 입장에서 본 상황과 그들이 본 상황이 반드시 일치하지 않을 수 있다.

보험사나 교통경찰 역시 마찬가지다. 현장에서 상황을 직접 보지 않은 이상 이들의 판단이 100% 정확할 수는 없다. 하지만 부 딪힌 상황을 보고 당사자들의 해명을 들으면서 객관적으로 판단 해 결론을 내리게 된다. 따라서 사고가 발생한 그 순간, 현장에서 상대편 운전자의 잘못을 인정받지 못했다면 결론은 쌍방과실로 날 가능성이 매우 높다. 이런 상황이라면 핏대를 세워가며 언성 을 높이는 것은 별로 현명한 방법이 아니다. 사고 사실을 보험사 에 알리고 뒤처리를 맡기는 게 낫다. 내 보험사와 상대편 보험사 가 사고 현장을 보고 과실비율을 정하고 보험처리를 하는 게 제 일 무난한 방법이다.

앞만 잘 보이면
전조등을 끄고 기름 아껴라

한낮에 불이 켜진 가로등, 환한 대낮 방에 켜진 불은 에너지를 낭비하는 대표적인 그림이다. 그래서일까. 에너지를 절약을 위해 자동차 전조등도 낮에는 켜면 안 된다고 굳게 믿는 이들이 많다. 하지만 전조등을 켜면 전력소모가 늘어 연비가 나빠진다는 이런 말에 귀 기울일 필요는 없다. 전조등을 안 켜서 아낄 수 있는 연료량은 가속페달을 한두 차례만 덜 밟아도 되는 양이다.

무엇보다 안전을 위해 전조등을 켜야 한다. 전조등은 운전자의 시야를 확보해주는 기능 이외에도 자신의 차가 여기 있음을 타인이나 다른 차에 알리는 중요한 기능을 한다. 따라서 해가 지는 어스름한 시간에는 미리미리 전조등을 켜고, 한낮이어도 비가 오거나 구름이 껴서 어두울 때에는 전조등을 밝게 켜고 운행하는 게 좋다. 안개가 심할 때에는 안개등과 함께 전조등을 켜는 게 바람직하다. 요즘에는 전조등 대신 주간주행등을 별도로 만들어 장착하는 차들도 늘고 있다. 스웨덴에서는 안전을 위해 한낮에도 자동차 전조등 켜기를 법으로 강제하고 있다.

전조등은 헤드램프headlamp나 헤드라이트headlight 등으로 부르기도 하며, 상향등(하이빔high beam) 하향등(로빔low beam)의 기능을 가지고 있다. 차에 보면 스위치가 몇 단계로 구분돼 있다. 첫 단계에서는 차폭등(미등), 두번째 단계로 돌리면 헤드램프, 스위치 레버를 아래로 누르면 상향등, 다시 한 차례 누르면 하향등으로 돌아온다.

상향등을 켜면 멀리까지 볼 수 있다. 운전자의 입장에서는 아주 시원한 시야를 보장받는다. 그래서 일부 초보 운전자는 아예 상향등만을 켜고 운행하는 경우도 간혹 있다. 하지만 상향등은 가로등이 없는 길에서 마주 오는 차가 없을 때에만 제한적으로 사용해야 한다. 상향등을 켜면 상대편 운전자가 너무 눈이 부셔 앞을 볼 수 없게 된다. 마주 오는 차가 앞을 제대로 보지 못하면 내 차의 안전도 보장받지 못한다. 나 좋자고 남들에게 불편을 주면서 상향등을 번쩍이며 사용하면 내 차도 안전하지 않게 된다.

그래서 대부분은 하향등을 켜고 운행하는데, 안개가 껴 있거나 눈이나 비가 많이 내릴 때는 하향등을 끄는 게 더 낫다. 대신 안개등을 켜고 운행하면 전조등보다는 나은 시야를 확보할 수 있다. 안개등은 빛을 전조등만큼 멀리 비추지는 못하지만 빛을 넓게 확산시키기 때문에 넓은 시야를 확보할 수 있게 도와준다.

안전을 위해 밤길에 전조등을 켰는데도 위험한 경우가 있다. 뒤에서 쫓아오는 차들의 불빛이 룸미러에 반사돼 눈이 부셔 오히려 운전을 방해하는 때다. 이럴 때에는 룸미러를 조절하면 된다. 대부분 자동차 룸미러는 밤에 뒤차의 불빛을 운전자에게 반사시키지 않도록 각도를 조절할 수 있다. 룸미러 아래에 있는 레버를 젖히면 반사가 방지되는 식이다. 이렇게 해놓으면 차 뒤의 상황은 볼 수 있고 눈부심은 훨씬 덜해 편안하게 운전할 수 있다.

분명히 전조등을 켰는데도 앞에 있는 사람이 안 보이는 경우도 있다. 서로 마주 달리는 두 대의 차가 헤드램프를 켜면 그사이에 위치한 사람이 순간적으로 안 보이는 착시현상이 생기는 것이다. 매우 위험한 상황이다. 반대방향에서 차가 올 때는 정면으로 마주 보지 말고 약간 비스듬히 앞을 보면 이 같은 착시를 방지할 수 있다.

도로 앞의 상황이 잘 보이지 않는 코너에서 두 대의 차가 마주칠 때, 어느 한 쪽이 중앙선을 넘어버리면 아찔한 상황이 벌어진다. 코너에 진입하기 직전에 상향등을 몇 차례 번쩍여주면 마주오는 차가 내 차를 인식할 수 있어서 좋다.

이처럼 전조등은 안전운전의 동반자로, 상황에 따라 잘 활용하면 안전하게 운전할 수 있다.

에어컨 켜는 대신 창문을 열고
달리는 게 낫다

자동차 연비에 가장 악영향을 끼치는 게 에어컨이다. 여름철에
에어컨을 켠 채 한 시간 달리면 약 15~20% 정도의 연료가 더 소
모되고, 연비는 20~30% 이상 나빠진다. 자동차 에어컨은 그만큼
기름을 많이 먹는 장치다. 이 때문에 창문을 열고 달리는 사람들
이 있다. 바람직한 방법이 아니다.

창문을 열면 자동차에 부딪히는 공기의 흐름이 크게 흐트러지
면서 공기저항이 더 커지고, 공기저항이 커지면 연료가 더 소모
되는 것은 마찬가지다. 에어컨을 켤 때보다 연료를 아낄 수 있을
지는 모르지만 그 차이는 많지 않다. 도로의 먼지가 실내로 쏟아
져 들어오는 부작용도 생각해야 한다.

어떻게 하면 에어컨을 효과적으로 사용하면서 연료 소모도 줄일 수 있을까. 에어컨을 가동할 때 냉방 속도를 높이고 냉기를 효과적으로 유지하기 위해서는 공기순환을 내부흡입 모드로 하는 것이 필수다. 외부흡입 모드로 해두면 따뜻한 외부 공기가 계속 유입돼 장시간 에어컨을 틀어놓아야 하므로 연료가 더 소비될 수밖에 없다.

한 시간 정도 가동하면 5분가량은 에어컨을 쉬게 하고 창문을 약간 열거나 외부흡입 모드로 전환, 실내 공기를 환기시키는 것이 좋다. 실내 환기는 엔진 과열 방지와 공해 저감, 냉방병 예방 차원에서도 꼭 필요하다.

차량 에어컨은 엔진에 연동돼 구동되기 때문에 오르막길에서 에어컨을 가동하면 엔진부하가 높아져 연료 소모량이 증가한다. 컴프레서compressor(압축기)에 적당한 동력이 전달되지 못하기 때문에 그만큼 냉방효율도 떨어진다. 출발과 정지가 반복되는 혼잡 도로에서도 마찬가지다. 이런 길에서는 잠시 에어컨을 꺼두는 게 요령이다.

엔진오일을 교환하거나 세차시 에어컨콘덴서(응축기) 외부에 붙어 있는 이물질이나 먼지 등을 압축공기나 고압세차기로 청소해주면 10% 정도의 냉각효율 상승효과를 얻을 수 있고 연료도 그만큼 절약된다. 이 경우 반드시 차량 시동을 끈 상태에서 스팀 세척을 해야 하며 정비사에게 부탁하는 것이 좋다. 또 주행거리 1만km마다 에어컨필터를 교체하면 냉방효율도 높아진다.

에어컨 가동은 4~5단으로 세게 켰다가 냉기가 어느 정도 순환

되면 1~2단으로 낮추는 것이 좋다. 에어컨 바람을 한 단계씩 높일 때마다 연비는 5%씩 나빠진다는 분석이 있다. 오토에어컨이라면 실내 온도를 차량 밖의 외부 온도와 5~7도가량 차이 나도록 설정한다.

고속주행 상태에서 에어컨을 가동하면 컴프레서의 순간적인 과부하로 연료 소모량이 늘 뿐 아니라 압축기가 손상되거나 성능이 떨어질 위험이 있어 신호대기 등 주행정지 상태에서 켜야 한다. 에어컨은 정지 상태에서 켜고 멈추기 전에 끄는 게 좋다.

이와 함께 목적지 도착 약 2분 전이나 목적지에 도착해 주차상태에서 에어컨 스위치만 끄고 바람이 나오는 블로어팬blower fan을 몇 분간 회전시킨 뒤 시동을 꺼야 에어컨 배관류 및 증발기 표면에 있는 수분이 제거돼 고장 가능성과 냄새를 없앨 수 있다.

꼼꼼한 손질과 노후부품 교체는 연비 및 냉방효율을 높여주기 때문에 연료 절약 효과가 있다. 과충전이나 저충전은 냉방성능 저하 및 에어컨 부품 고장의 원인이 될 수 있어 금물이다. 또한 에어컨벨트 장력은 손으로 지그시 눌렀을 때 8~10mm가량 늘어나도록 유지해야 한다.

스페어타이어는 만약을 위해
꼭 싣고 다녀라

도로 위에 가득 찬 자동차들을 바라보다가 문득 든 생각이다. 하나같이 멋있는 디자인에 나름대로 개성을 가진 차들이 예외 없이 트렁크에 스페어타이어를 하나씩 더 싣고 다닌다. 그 많은 차들이 무거운 스페어타이어를 낑낑거리며 싣고 다니는 모습은 어찌 보면 우스꽝스럽기 짝이 없다.

스페어타이어의 무게는 차에 따라 다르지만 대개 10~20kg이다. SUV인 경우는 이보다 훨씬 더 무겁다. 공차중량 기준으로 중소형차가 1300~1500kg, 대형차가 2000kg 전후인데 스페어타이어 하나의 무게가 10~20kg이라고 하니 전체 자동차 무게의 약 1% 정도를 차지한다고 볼 수 있다.

차의 무게가 가벼울수록 연비가 좋아지는 만큼 당연히 이를 없애면 그만큼 연비가 더 좋아진다. 100만 원을 기름값으로 쓴다고 할 때 1만 원 정도 아낄 수 있다. 스페어타이어 값만큼 찻값이 내려가는 효과도 기대할 수 있다. 최소한 5만 원 정도는 더 싸지지 않을까. 별거 아니라고 할 수 있다. 하지만 마른 수건도 다시 짜야 하는 시대에 차 한 대당 연간 6~7만 원 이상 절약할 수 있다면 심각하게 고민해볼 문제가 아닐까.

운전하다보면 타이어가 날카로운 돌에 찢길 수도 있고, 못에 찔려 공기가 새어나갈 수도 있다. 하지만 펑크 난 타이어를 굳이 운전자가 직접 스페어타이어로 교체해야 하는지는 의문이다. 미국처럼 땅덩어리가 큰 나라라면 모를까 우리처럼 좁은 땅에 많은 인구가 밀집된 곳이라면 서비스를 이용하는 게 훨씬 낫다.

AS 기사가 현장에 출동하는 데는 30분, 넉넉히 잡아도 한 시간이면 충분하다. 일반인이 펑크가 났을 때 트렁크에 있는 스페어타이어를 꺼내서 자키로 차를 들어올린 뒤 펑크 난 타이어 떼어내고 스페어타이어를 끼워넣는 데 아무리 빨라도 30분은 걸린다. 숙련된 AS 기사가 전문 장비를 이용해 작업하면 10분이면 충분하다.

보험사의 긴급출동서비스를 이용해본 이들은 잘 안다. 신고하면 불과 10여 분 사이에 긴급출동 기사가 온다. 보험사의 긴급출동망을 사회적 인프라로 이용하는 방법도 가능하다. 완성차 업체의 AS망을 이용해도 된다. 모든 자동차에 스페어타이어를 없애도 될 정도의 인프라를 갖고 있는 셈이다. 모든 차에서 스페어타이어를 들어낸다면 엄청난 사회적 비용을 아낄 수 있을 것으로 본다.

물론 해결해야 할 문제는 있다. 자동차의 구조적 문제다. 특히 앞바퀴 굴림차의 경우 뒤에 놓아둔 스페어타이어는 앞뒤의 무게 배분에 중요한 역할을 한다. 앞으로 쏠린 무게로 인해 가벼워진 뒷부분에 스페어타이어가 자리해서 어느 정도 안정감을 주게 되는데 이를 없애버리면 코너에서, 고속주행할 때 차의 안정감을 해칠 수 있다. 새 차를 설계할 때 스페어타이어가 없음을 전제로 만든다면 큰 문제는 아니다.

스페어타이어를 생략한 차들은 의외로 많다. BMW는 대부분의 차들에 런플랫타이어run-flat tire를 장착해 스페어타이어를 없애 버렸다. 런플랫타이어는 펑크가 나도 80~100km가량을 더 달릴 수 있는 타이어여서 스페어타이어가 필요 없다. 한국지엠 역시 크루즈를 비롯한 몇몇 차종에 스페어타이어를 생략하고 있다. 대신 펑크가 났을 때 응급조치를 할 수 있는 장비를 트렁크에 실어 뒀다. 이미 많은 차들이 스페어타이어 없이 운행을 하고 있다. 굳이 스페어타이어를 트렁크에 넣는 자동차 제조사와 이를 싣고 다니는 많은 운전자들에게 묻는다. 스페어타이어, 꼭 가지고 다녀야 하나.

여름철 차 안,
발암물질이 건강을 위협한다

날씨가 더워지면 자동차 실내 공기에 대한 걱정도 따라서 커진다. 밀폐된 자동차 실내가 높은 온도에 장시간 노출될 경우 화학물질들의 농도가 진해져 탑승객들의 건강을 해치지 않을까 하는 걱정이다. 그중 가장 큰 우려를 자아내는 게 벤젠. 몸에 해로운 벤젠이 더운 날씨에 운전자의 건강을 위협할 것이라는 걱정은 의외로 널리 퍼져 있다. 그럴듯한 근거를 대며 걱정을 부채질하는 내용이 인터넷에 떠돌며 운전자들의 불안을 더 키우고 있다. 과연 폭염이 자동차 실내의 벤젠 농도를 위험 수준까지 끌어올릴까.

이메일, 개인 홈페이지, 페이스북 등을 통해 자동차 실내의 벤젠 위험성을 경고하는 내용은 이렇다. 고온에 주차됐던 차의 실내에는 발암물질인 벤젠 농도가 높아져 있는 상태여서 차를 타자마자 에어컨을 켜면 좋지 않다는 것. 차를 탈 때에는 차창을 모두 내려 환기를 환 뒤 2~3분 지나서 에어컨을 켜라는 조언이다.

창문을 닫은 채 야외에 주차된 차의 경우 벤젠 농도가 기준치의 40배 이상이 될 만큼 위험하다며 매우 구체적인 수치까지 제시하고 있어 신빙성을 더하고 있다. 더위에 열받은 플라스틱 부품들이 벤젠을 배출하기 때문에 창문을 닫은 채 차에 올라 바로 에어컨을 켜는 것은 빠른 속도로 연달아 아주 많은 양의 벤젠을 마시게 되는 것이어서 위험하다는 것이 주된 내용. 하지만 아니다.

이 내용은 이미 수년 전 미국 등 해외에서 이메일을 통해 한 차례 돌았던 적이 있다. 사람들의 건강을 지키기 위해 널리 알려야 한다는 내용까지 있어 사회적으로 널리 알려지자 미국암협회가 지난 2011년 7월, 이 내용의 오류를 지적하고 나섰다.

미국암협회는 2007년 발표된 독일의 한 연구논문 등을 들어 자동차 실내의 벤젠이 유해한 수준이 아님을 밝히고 있다. 주차된 차의 실내 공기를 주제로 작성된 이 논문에 따르면 자동차 실내에서 발견되는 벤젠을 포함한 발암성 화학물질은 일반 건물의 수준 정도로 우려할 만한 수준이 아니었다. 이와 관련한 연구가 한국과 미국에서도 이뤄졌지만 자동차 실내의 벤젠이 위험하다는 증거를 찾지는 못했다고 미국암협회는 밝히고 있다. 협회는 벤젠과는 아무 상관이 없지만 차의 실내 공기 순환을 위해서 주기적으로 창문을 열면 좋다는 내용도 덧붙였다. 너무 걱정하지 말고 평소처럼 편안하게 차를 타면 된다는 말이다.

# 견인할 때 명심할 수칙

◆ 보험회사 견인차가 올 때까지 기다려라

교통사고를 당한 A씨는 보험사의 무료견인서비스를 기다리고 있었다. 보험사 견인차보다 먼저 달려온 일반 견인차 기사는 사고차가 통행에 지장을 준다며 차를 옮겨주겠다고 제안했지만 A씨가 거절하자 이번엔 보험사 견인차가 오면 차를 넘겨주겠다고 안심시킨 뒤 견인에 나섰다. A씨는 이 말을 믿고 현장을 떠나 병원으로 갔다. 하지만 거짓말이었다.

일반 견인차 기사는 보험사 견인차에 차를 넘긴 게 아니라 그대로 정비공장까지 옮겼고 비용으로 50만 원을 청구했다. 법정 고시요금의 8배나 비싼 요금이었다.

사고가 나면 차분히 보험사에 연락해 무료견인서비스를 이용해야 한다. 빨리 현장을 정리해야 한다는 강박에 쫓겨 일반 견인차에 코를 꿰이는 순간 또 다른 피해를 당할 수 있다.

부득이 일반 견인업체를 이용해야 할 경우에는 정확하게 가격을 정한 뒤 차를 옮기도록 해야 한다. 이때 견인비용만 얘기하지 말고 전체 금액이 얼마인지를 반드시 확인해야 한다. 나중에 견인 비용 외에 이런 저런 명목의 추가 비용이라며 덤터기를 씌울 수 있어서다. 작업비, 후방 안전조치 비용, 대기료, 보관료 등이 있고 주말이나 야간에는 50%의 할증비용도 붙는다. 이 때문에 견인 한 번 잘못하면 100만 원을 훌쩍 넘는 경우도 생긴다. 그러니 스마트폰 등을 이용해 녹음을 해두면

제일 좋다.

견인업체가 부당한 조건을 제시하거나 요금을 부당하게 많이 청구하면 화물자동차운수사업법에 따라 행정처분을 받게 되므로, 관할 구청에 이의를 제기하고 해결을 요구하면 된다. 여의치 않으면 한국소비자원에 민원을 제기하는 것도 방법이다.

보험사 견인서비스도 완전한 무료는 아니다. 대부분의 보험사들이 10km까지만 무료로 견인해주고 그 이상일 때에는 km당 2000원 정도를 받는다.

◆ 고속도로에서는 한국도로공사에서 운영하는 무료견인서비스를 이용해라

고속도로에서 사고가 나면 한국도로공사에서 운영하는 무료견인서비스를 이용하는 것도 좋은 방법이다. 기본적으로 이 서비스는 고속도로상에서 위험하게 대기하다가 2차 사고가 발생하는 것을 막기 위한 긴급구난 서비스다. 고객의 편의를 배려하는 측면도 있지만 이보다 고속도로의 안전을 확보하기 위해 긴급조치를 취한다는 의미가 크다. 이 서비스를 요청하면 견인차와 패트롤 차량 두 대가 함께 와서 사고가 난 차를 가장 가까운 휴게소나 쉼터까지 안전하게 이동시켜준다.

고속도로 무료견인서비스를 이용해야 하는 상황이라면, 한국도로공사 콜센터(1588-2504)로 연락해 고속도로 갓길 200m마다 설치된 "경부고속도로 부산방향 50.6km 지점" 같은 위치 표지판을 읽어 위치를 알려주면 된다.

그러나 견인차가 다른 곳으로 먼저 출동했다면 이용하기 어렵고, 휴게

소나 쉼터로 옮겨진 차를 다시 정비공장으로 이동시키는 것은 차량 소유자의 책임이다. 여기서부터는 보험회사 무료견인서비스를 이용하거나 일반 견인차를 이용해 차를 옮겨야 한다.

고속도로라고 하더라도 천안~논산, 평택~화성, 서울~양양, 오산~화성, 수도권 제2순환선, 용인~서울 구간 등 민자고속도로에서는 한국도로공사의 무료견인서비스를 받을 수 없다. 운영주체가 한국도로공사가 아닌 민자 사업자이기 때문이다.

◆ 정비공장은 본인이 지정하는 것이 안전하다

일반 견인업체를 이용했다면, 정비공장은 본인이 지정해주는 게 좋다. 견인차 기사에게 맡기면 십중팔구는 부실한 업체로 달려가고 만다. 이들이 차를 입고시키는 정비업체는 차를 제대로 고치기보다 수익 맞추기에 급급한 업체인 경우가 많다. 부실 정비로 이어지는 것이다. 사후에 이의를 제기하거나 분쟁이 발생할 때를 대비하기 위해 견인을 마치고 계산을 끝낸 뒤에는 영수증을 반드시 챙겨야 한다.

자동차 관리, 이렇게 해라

◆ 세차

가끔 시간이 날 땐 세차를 직접 해보는 것도 좋다. 운전자가 직접 세차를 하게되면 차의 구석구석을 직접 살펴보는 계기가 된다. 단 세차를 햇볕 아래에서 하면 물방울이 볼록렌즈 작용을 해 차체 표면의 색이 바랠 수 있으니, 그늘에서 해야 한다.

◆ 엔진오일

엔진 옆에 붙어 있는 노란색 오일게이지를 뽑아서 마른 헝겊으로 닦은 뒤 다시 집어넣어 뽑으면 오일이 묻은 흔적이 보인다. 오일게이지에 표시된 F와 L 사이에 오일 흔적이 있어야 정상이다.

◆ 냉각수

냉각수는 라디에이터 옆에 플라스틱 통을 보고 판단한다. 리저브탱크라고 불리는 이 플라스틱 통에는 MAX와 MIN이라는 표시가 있는데 그사이에 냉각수가 있어야 적정량이다. 냉각수를 점검한다고 시동이 걸린 차의 라디에이터캡을 여는 일은 하지 말아야 한다. 뜨거운 냉각수에 화상을 입을 수 있다.

◆ 브레이크액

브레이크액 역시 리저브탱크의 MAX와 MIN 사이에 적정량이 있는지를 살피면 된다. 이런 액체류가 부족할 때에는 어디서 새고 있는 것은 아닌지 살펴본 뒤 이상이 없다면 보충하면 된다. 어쨌든 뭔가 부족해 조치가 필요하다면 정비업체에 진단과 정비를 요청하는 게 좋다.

◆ 타이어

타이어는 공기가 빠져 있지 않은지, 표면이 너무 많이 닳아 있지 않은 지를 살펴야 한다. 타이어 옆면에 새겨진 ▽ 표시가 안 보이거나 타이어 바닥면의 홈이 드러날 정도로 닳아 있으면 타이어를 교체해야 할 시기다.

◆ 와이퍼

특히 비가 많이 내리는 여름에는 반드시 체크해야 하는 부분이다. 와이퍼 고무날이 늘어져 차창이 깨끗하게 닦이지 않으면 마트에서 구입해 직접 교체하는 것도 좋은 방법이다. 와이퍼를 살 때에는 자신의 차에 맞는 크기인지 확인하고 구입하자.

◆ 배터리

배터리는 장마철과 겨울철에 특히 신경 써야 한다. 습기와 온도에 취약한 부품이기 때문이다. 평소 시동이 잘 안 걸리던 차라면 장마철이나 겨울철을 앞둔 시점에 교체를 해주는 게 좋다. MF배터리는 배터리 표시창 색깔이 녹색이면 정상, 적색이면 교체해야 한다. MF가 아니라면 배터리 전압을 살펴보자. 일반 승용차의 배터리 전압은 12V. 이보다 낮다면 정상이 아니다.

계절별 자동차 관리

◆ 봄

황사가 자주 발생하고 꽃가루가 많이 날리는 계절이다. 글러브박스 안쪽에 있는 에어컨필터를 청소하고, 다가올 여름에 대비해 에어컨 냉매는 충분한지, 시원한지 체크해보자.

◆ 여름

타이어와 와이퍼, 배터리가 체크 포인트다. 장마철, 국지성 호우 등 비에 대비해야 하기 때문이다. 습기가 많은 계절인 만큼 차 안에 제습제를 놓아두는 것도 좋은 방법이다. 선명한 시야를 확보한다며 차창에 발수코팅제를 바르는 경우도 있는데 난반사를 일으켜 오히려 시야에 장애를 주는 경우가 있으니 제품을 잘 선택해야 한다.

◆ 가을

가을에 주차할 때는 특히 신경 써야 한다. 배기통이 뜨거울 때 마른 풀밭에 주차하면 불이 날 수 있어서다. 차에 떨어진 낙엽도 제거하자. 낙엽을 그대로 두고 주행하면 공기 흡입구 안쪽으로 유입될 수 있기 때문이다. 11월쯤에는 배터리와 타이어를 잘 살펴 겨울 준비를 해야 한다.

◆ 겨울

배터리와 타이어는 늘 신경 써야 한다. 눈이 내리거나 성에가 끼는 것을 대비해 주차를 한 뒤에는 신문지를 앞창에 깔아두고 와이퍼로 눌러놓자. 겨울철에도 운행을 많이 하는 차라면 스노타이어를 권한다. 스노타이어는 눈길에서 최상의 성능을 발휘하지만 마른 도로에서는 빨리 닳는다. 겨울이 지나기 전에 원래의 타이어로 교체하는 것을 잊지 말자.